高级经理人精萃读物
项保华·决策三部曲
升级版

洞见

领导者决策与修炼

项保华◎著

INSIGHT

企业管理出版社
ENTERPRISE MANAGEMENT PUBLISHING HOUSE

图书在版编目（C I P）数据

洞见：领导者决策与修炼：升级版 / 项保华著. — 北京：企业管理出版社，2022.4

ISBN 978-7-5164-2584-8

Ⅰ. ①洞⋯　Ⅱ. ①项⋯　Ⅲ. ①企业领导学　Ⅳ. ①F272.91

中国版本图书馆 CIP 数据核字(2022)第 045391 号

书　　名：洞见：领导者决策与修炼（升级版）
书　　号：ISBN 978-7-5164-2584-8
作　　者：项保华
责任编辑：尤　颖　徐金凤
出版发行：企业管理出版社
经　　销：新华书店
地　　址：北京市海淀区紫竹院南路 17 号　邮编：100048
网　　址：http://www.emph.cn　电子信箱：emph001 @163.com
电　　话：编辑部（010）68701638　发行部（010）68701816
印　　刷：河北宝昌佳彩印刷有限公司
版　　次：2022 年 4 月第 1 版
印　　次：2022 年 4 月第 1 次印刷
开　　本：880mm×1230mm　1/32
印　　张：8.75 印张
字　　数：180 千字
定　　价：59.00 元

目 录

引子——洞见照亮前程 **1**

第一篇　决策前提——初心 **7**

第 1 章　目标定位 **10**

人生追求 **12**

成功：须节制无度欲望 13

幸福：接受不幸福现实 15

快乐：不期而遇方自在......17
自由：学会舍弃与放下......19
健康：重在防患免无妄......21
平衡：进取还需能知止......22
企业经营......24
自主品牌与贴牌代工......25
发展路径与内心喜欢......26
当下拍板与方案搜索......27
需求不明与风险规避......28
产品报价与价值创造......29
产业规律与创新转型......31
当下盈利与长期竞争......32
规模扩张与增长局限......34
多环系统......35
魔鬼躲在细节中......36
冗余容错保平安......37
众人皆醉我独醒......38
瓶颈未必要突破......39
第 2 章　价值排序......41
偏好之谜......43
有比较才有鉴别......44
参照标准很关键......46

得失感受大不同 47
少则得与多则惑 49
缺省选项难自察 51
随境而变 53
值不值全在怎么看 54
形式有时重于内容 56
一元钱异于一元钱 58
伦理道德视角多元 61
目标冲突 63
权变与量化：孰主孰次 63
过程与结果：孰轻孰重 66
创新与精益：孰先孰后 68
价值观漂移：蛇行、登山、底线三隐喻 70
第二篇 决策依据——判断 73
第 3 章 事实真相 76
知觉偏差 77
选择性知觉 78
事后诸葛亮 80
简捷化直觉 82
观念形成 85
信念作用 86

信念守恒 88
共识偏见 91
归因推理 94
归因偏差 95
完备推理 98
虚幻因果 101
第 4 章　情绪感觉 106
内心纠结 108
收入分配公平性 109
CEO 及高管薪酬 110
公平与可持续性 111
面子与承诺升级 112
情感得失与拖延 114
挑战与情感自控 115
即时反应 116
情不自禁与口碑相传 117
物理感觉与人际互动 119
自利倾向与情何以堪 120
独立监督与无意悖德 123
当下欲求与长期理性 125
蝎子为啥“忍不住” 126

制度约束 **127**
不要和诱惑较劲 128
不相信自己的雅量 128
担心自己忍不住 129
禅者、渔夫与蝎子 130
制度以他律为基础 130
不生气的秘诀 131
第三篇　决策情境——选择 **133**
第 5 章　受限决断 **135**
压力环境 **136**
限时抢答易出错 137
快速反应的保障 140
行动时刻的挑战 142
贪婪恐惧的作用 143
群体压力与跟风 144
情况不明 **146**
不确定与干中学 146
模糊规避的启示 147
如何应对不确定 149
顺顾客需求而为 150

错综乱局 151
直觉、理智与迭代 152
多因素影响与决策 155
实践中的相机抉择 158
陌生环境审慎决策 164
第 6 章　社会互动 169
看法不同 170
视角 171
爱好 172
立场 174
冲突 176
多方博弈 178
并购悖论：傲慢假说 180
多家竞购：赢家诅咒 183
非成即败：囚徒两难 185
认清形势：动机辨识 188
业态共生 192
小镇难题 193
投资悖论 196
互惠互赖 199

第四篇 决策践行——落实 201

第 7 章 行思习性 204

自圆其说 206

酸葡萄心理 207

禁果分外甜 208

做了自有理 210

动机可转换 213

坚持与放弃 215

知行背离 217

急智与防患 217

做事与为人 222

实力与言行 225

群体智慧 228

群体决策 229

旁观冷漠 230

群体协同 232

第 8 章 组织惯例 236

行为引导 237

人性假设：“善”与“恶” 238

顺势而为：“疏”与“堵” 240

典型示范：“正”与“负” 242

瓶颈结构："忙"与"闲" 245

议程设定 247

听异见 248

求创意 251

建梯队 252

见实效 254

实践演进 255

克服变革惰性 256

创造发现机会 258

坚守经营底线 260

适应环境变化 263

尾声——决策创造未来 266

引子
——洞见照亮前程

决策，就是做出解决问题的决定，将决定付诸行动并对行动的后果承担相应责任的过程。决策需要权衡取舍、判断选择，更需要承责、担当，离开了承责、担当，现实就多见牢骚者、挑刺者、键盘侠。决策洞见修炼，更呼唤建设者。

作为旁观者、参谋者、建议者，因不担责或担轻责，谈论决策或可随意。承担决策重任，未来看不清、不确定，后果好坏关乎企业生死存亡，涉及个人切身名声损益，应对如此持续存在的压力挑战，就极易让人心力交瘁、感觉崩溃。

有个故事，大人问小孩，怕牙医还是怕黑暗？小孩说，怕黑暗。问：为什么？小孩说，黑暗中可能躲着两个牙医。华尔街有句名言，“市场最怕不确定！”*尽管不确定也可能隐含着更好的发展机会，但因模糊看不清，就是会让人感觉讨厌，因而想躲避。

大家喜欢与说话算数的人打交道，喜欢与办事牢靠的人做生意，喜欢结交言而有信的人，而不喜欢与信口开河、言行不一的人交往。这里所体现的，都是同一个心理倾向：规避不确定或者模糊性，希望决策过程与后果更具可预见性。

对于不确定，特别是负面的不确定，会让人很纠结，严重的或可致心理及生理不适。现实中，那些正处于事业顶峰的人，更可能面临从高处回落的挑战，若对此缺乏心理准备与承受能力，就易因其名利权很难再提升，而陷困惑甚至抑郁之中。

---

* 本书作为面向高级经理人的精萃读物，为尽可能简明扼要，对所引用的观点、资料等出处，除文中已说明的外，并未逐一详列，敬请见谅。对此有兴趣者，可参阅拙著《决策管理——疑难与破解》（华夏出版社，2011 年）的相关注释，从中能找到绝大部分借鉴及引用资料的出处。

有个实验，两只猴子被安置在椅子上，只有头和四肢可活动。其中一只被称为“掌权者”的猴子，每隔 4 秒必须按一下它面前的横杆，否则它和旁边椅子上的同伴就会遭受一次电击，而它同伴的面前也有横杆，但它按不按横杆，与是否受电击无关。

两只猴子投入这种 6 小时工作、6 小时休息的实验，日常生理指标检查显示无异常，也维持着适当的食量和体重。23 天后，“掌权者”因溃疡而死，另一只仍保持良好的健康状况。对另一对猴子重复进行同样的实验，所得结果类似。

实验表明，简单地面对一个让人痛苦的事件，不是产生压力的关键，其关键在于，需要持续不断地找出或采取应对办法，这会让人感觉很抓狂。“掌权者”猴子因为看似能够掌握控制权，需要持续不断地做决策，才面临着更大的心理挑战。

面对同样的逆境，与一个想努力掌控自身命运而实际上却又不完全能做到的人相比，一个可以坦然接受不利命运的人，可能内心的感觉反而会好些。这意味着，一个能够坦然接受磨难的人，更能经受住磨难的历练，甚至借助历练而成长。

决策，不仅要拿得起，更需放得下。考虑关乎生死存亡的重大决策，如何才能做到放得下？可以运用逆向思维，不看成功了多美妙，而看失败了多糟糕。一旦发现或能使得最终可能出现的糟糕情况，处于自己可接受范围，也许就可少些患得患失之烦恼。

如果对于可能出现的糟糕情况，觉得绝对不能接受，那就应该事前采取措施，加以化解或适当规避。例如，不做赢得起而亏不起的生意，慎投进得去而退不出的项目，少信未经失败考验的成功大话……除非这是命运的安排，别无选择。

有个故事，说的是帮手杰克给农夫打工，做事麻利，效率极高。犁地，别人至少一天，杰克半天干完；打扫谷仓，半天的活儿杰克一小时完成。后来，农夫让杰克去地窖里挑土豆，干这活一般需要一小时，农夫估计杰克无须十分钟就可完成。

四个小时过去了，杰克仍然没有从地窖里出来。农夫下到地窖一看，发现杰克坐在地上，眼睛死盯着手中所拿的一个半烂不烂的土豆，脸上显露着沮丧的绝望表情，正自言自语着：“该死的土豆，到底扔还是留？我最恨这讨厌的拿主意！”

相对来说，纯粹地做事，往往涉及目标及程序比较清楚的情况，通常多努力就会有好结果。拿主意做决策则不同，重在判断选择，用力更需用心。许多情况下，做决策的成果，并不直接与努力程度相关，而主要取决于判断选择是否适当。

有位 EMBA 学员，先担任过市委书记，后任省委秘书长，谈及前后角色之不同，有着这样的感悟：前者，地方一把手，能拍板定案，可自主安排时间休息，却常因担责压力大睡不着；后者，需协调汇报，事多忙不完，尽管想睡能睡着，却没时间睡。

“有时间睡却睡不着”与“睡得着却没时间睡”的不同，点明了“决策”与“做事”的本质差异。考虑到人与人之间存在着不同的个性特征，有时硬要让一个不习惯或不喜欢拿主意的人做决定，显然对于组织及当事者都不太合适。

现实的问题是，有时无论人们是否愿意或喜欢做决定，到了某一时刻都必须做出选择或被选择。更何况，受现实存在的时间及资源等的约束，真正的自由决策似乎并不存在，绝大多数情况下，人们面临的都是某种程度上的受限决策。

例如，林野消防员、证券操盘手、急诊室医生等，通常需要瞬间快速决策。相对来说，从事战略投资、并购整合、创新创业的人，只要不被“机不可失，时不再来”的紧迫感所误导，就可以花较多的时间，对项目方案做深入的考察。

俗话说，“将帅无能，累死三军”。修炼决策洞见，化解领导者无能，需破“三无”——无知、无常、无行。无知，指“看不到”存在的问题；无常，指变乱动荡与社会互动而致未来“难预料”；无行，指思路清晰而事情仍然“做不好”。

为此，本书分四篇，围绕决策全过程管理所涉及的“前提、依据、情境、践行”等影响要素与对策建议这一主线，揭示现实存在的易致领导者无能的各种有意识或无意识因素，修炼领导者决策洞见，以洞见照亮前程，用决策创造未来。

具体地，第一篇决策前提——初心，探讨目标定位与价值排序；第二篇决策依据——判断，关注事实真相与情绪感觉；第三篇决策情境——选择，聚焦受限决断与社会互动；第四篇决策践行——落实，讨论行思习性与组织惯例。

第一篇

决策前提

——初心

第 1 章　目标定位

第 2 章　价值排序

领导者决策，需破解个人或企业生死劫，从正命题看，就是弄清影响企业生存的馅饼与保障；从反命题看，就是确定导致企业死亡的陷阱与魔障。基于正、反命题，领导者决策的前提就是合命题——不忘初心“活着/不死”。

追求活着、活好、活久，人们习惯于正向思维，更易欲望膨胀、理想过高、目标爆棚。若逆向思维，反过来看问题，就可发现做到“不死”更具挑战性。修炼决策洞见，需逆本能而行，坚守“不死”这一“活着”的底线。

企业决策的关键在于，创造价值以增加收益，坚守底线以降低风险。创造价值是企业活着的基础，坚守底线是企业不死的保障。当本能的激情冲动压倒冷静的理性思考，一味追求大干快上时，最易忘掉的是如何确保“不死”。

第一篇　决策前提

本篇决策前提——初心，以企业“活着/不死”为根本使命，分两章讨论“目标定位”与“价值排序”问题。第1章目标定位，从人生追求、企业经营、多环系统三个层面，揭示决策目标确定所涉及的领域与所面临的挑战。

第2章价值排序，从偏好之谜、随境而变、目标冲突三个角度，讨论价值评判与排序的内在规律性，分别说明价值偏好的相对主观性与随境而变性，指出多属性决策中必须明确价值取向或价值排序的必要性与可能性。

决策涉及取舍抉择，需判断“要不要”“值不值”，决定“做什么”“不做什么”，这一点人们似乎天生就会，只是这种“会”多属潜意识或无意识，其中存在着决策无能、无效的情况。本篇将对此给出有意识的应对之策。

第 1 章　目标定位

本章讨论的目标定位，通常涉及对现状、理想及两者之间差距的评估。现实中，当差距大到足以引起重视的程度时，人们自然就会想要做点什么，即采取决策行动。这里所提到的“想”“要”“做”等，实际上就隐含了对于决策目标的考量。

目标大致可以分为两类：一类是追求想要的，涉及希望、理想、欲望、渴求等，如增加收益、改善现状、逼近理想、缩小差距等；另一类则是回避不想要的，涉及各类戒规、律令、禁忌、避讳等，如降低风险、防止危机、避免意外等。

“要”与“不要”，是对目标的最本质与最直白的表达。例如，平常人们谈到的，“有什么不要有病，没什么不要没钱”；企业战略决策考虑的，追求持续发展，防止败落消亡。无意中，人们会太多关注“要”，相对忽视“不要”。

目标定位，难在适度。许多情况下，正是由于对正面想要的过度追求，结果酿出了自己原本不想要的苦果。例如，为应对市场爆发性增长，过度强调规模快速增长，不惜高负债扩大产能。这样，一旦需求萎缩，产能过剩，后果堪忧。

在影响目标确定的众多因素中，有些是人们大脑能够意识到的，另有些则是在不经意间进入大脑思考之中的，它们对目标的形成起着潜移默化的作用。对于决策目标，若能自问“这真的是我内心所追求或需要的吗？”或能厘清这一点。

人们很想要、很想做的，通常也会被认为，这就是内心追求或希望所在。新近研究表明，很想要、很想做，甚至忍不住、熬不牢，急切地想采取行动，实际上就只是一种对行动本身的习惯性渴望，而对这种行动的实际后果，却并不一定真的为人们所需要。

关于是否内心真正需要的思考，涉及目标“值不值”的判断。对于同一事物或事件，不同的人，甚至是同一个人，在不同的时刻、不同的情境下，可能都会有不同的价值评判，在这看似主观随意性的背后存在着内在的客观逻辑性。

决策不仅要思考“要不要”“做不做”，更要考虑“值不值”“该不该”，甚至还要考虑做什么或不做什么更值、更该的问题，也就是多目标冲突时，如何进行轻重缓急、先后主次的排序问题，这是本篇第 2 章价值排序要讨论的。

考察目标定位，挑战在于，资源、精力有限，多属性决策，从何入手，如何取舍，方可达成良性循环。例如，目标多元，难以兼得，需考虑放弃什么；主体多元，多有互动，需关注如何共生；环节多元，瓶颈永存，需想清如何把握。

将个人、企业、系统均当作有机生命系统看待，其所关注的目标内涵，自然会不同于简单的机械线性思维。更大、更快、更多等线性追求，需要被适度、适当、适合等取代；持续、协同、共生成为主题，防患考虑的冗余储备或成标配。

人生追求

人生追求，质言之，无非是活着、活好、活久。关于活着与活久，关键是健康、平安、不死，这容易达成共识，似乎不太会有什么争论。而关于活好，就可能存在各种各样的说法，其中较有代表性的就包括成功、幸福、快乐、自由等。

作为逆向思维，考虑人生追求还需弄清，什么将会破坏活着的过程，导致不可持续或者失去意义，这就是人生决策需要避讳什么。例如，不为过往已失去的后悔，不为未来求不得的难受，珍惜眼前所有的一切，以做到真正自在地活在当下等。

成功：须节制无度欲望

世俗的成功，如名、利、权等，通常涉及社会评价，更多取决于他人的认可。林语堂认为，人生有三个大骗子：名、利、权，还有一个小骗子，这就是时尚。在美国，有一个词，可以将这些骗子概括起来，这就是所谓的成功（success）。

追求名、利、权，为什么还要追求时尚？担心众人的眼光，担心没面子、丢面子。要讲面子，自然涉及从众、合群、攀比。古人说，“威武不能屈，富贵不能淫，贫贱不能移”，胡适在这后面还加了一句很有趣的话，叫“时髦不能跟”。

社会福利制度设计中，极具挑战的难题就是，一旦考虑到被救济者的面子需求，就有可能陷入财政负担的无底洞。面子的标准是动态的，并且是基于比较而言的，只需一句不能让人没有尊严地活着，那就不只是简单地解决吃饱穿暖可完事的。

追求成功，其本身或许并不是坏事，而若变成对于不成功的恐惧或鄙视，结果就会导致严重的社会问题。毕竟名、利、权本身越向上就越稀缺，而人们的欲望却会水涨船高、与时俱进。调查表明，人们希望的理想收入是现有的2～2.5倍。

对此，人们不妨做个自我测试。先大致估算一下，过去一年自己的收入是多少；再考虑一下，未来一年达到怎样的水平会觉得很开心。如果能够达到上一年的2～2.5倍，会不会很开心？猎头公司按2.5倍开价挖人，是否会让人动心？

这种收入的“欲望倍增”，体现的是非线性指数增长的追求。指数增长，被认为是世界上最伟大的力量，只是不知这力量，到底是建设性的还是毁灭性的。人们常感叹“理想丰满，现实骨感”，这种感叹是否受到了收入“欲望倍增”的影响？

古人说：“天下熙攘，皆为名来，皆为利往”“绝利易，绝名难”。即使是一些避世的隐士高人，能看透利，也仍摆脱不了对于清誉的追求。一旦在追求财富的基础上，再加上对权位、名声、面子等追求，欲望倍增就变得更为复杂。

个人的欲望追求，不仅会与现状及过去比，希望成功多多益善，还会横向比，希望出人头地。人类个体潜意识中存在的这种特质，如果没有受到其自我德性修炼的涵养，就会本能地映射到企业的经营决策上，结果为挣面子而忘掉了里子。

叔本华说：“财富如海水，喝得越多就越渴，名声也是如此。”成于欲望，毁于欲望。如何节制与管理欲望？不妨多做逆向思维，不仅弄清内心真正需要的是什么，还要明白心中不需要的是什么，以免被各种无度渴望或想要所主导。

有人说，无欲则刚，欲多苦恼。真如此？欲，作为人之渴求与期盼，关键在于渴盼啥。若渴盼至亲好友甚至路人能如己愿思考行事，则多欲必因终难如愿而自惹烦恼；若渴盼自己能修身养性、力所能及地行善积德，则多欲或多福报。

若个人的主观欲望≤做事能力≤客观条件，如此节制的欲望多能实现，当无烦恼；若个人的主观欲望远超做事能力、更超客观条件，如此膨胀的欲望易成空想，或多自恼。当然，多欣赏为理想奋斗的过程，少计较结果得失，或更妙。

真正成功的人生，不在于最终达到的高度与速度，而在于能够“认清自我，凡事适度”。希望即欲求，有求必有执，执迷难自悟。持戒才能淡定，淡定方能生慧，从而洞察人性本源，预见事物规律，节制无度欲望，做到随缘自适。

幸福：接受不幸福现实

幸福，源自比较，为主观感受，很难客观衡量。追求更加幸福，就好似踩跑步机，怎么努力都还在原处。莫言获诺奖，接受采访谈到，“幸福就是什么都不想，一切都放下，身体健康，精神没有任何压力。”这到底是在想还是不想？

现实中，真正不想的，都在坟墓里。幸福既涉过程又关结果，仁爱父母为子女辛勤付出，似没享福却仍感幸福。幸福在于放下“得不到”的欲望包袱和“已失去”的追悔情怀，关注“能把握”的当下努力和“可憧憬”的未来期望。

心想事成，是人们常用的祝福语，也算是幸福的标配。有位哈佛大学哲学教授提出过一个思想实验，假想有一台幸福机器，一旦进入就可心想事成，能够获得任何想要的生活感觉与体验，但有一个附加条件，就是这台机器只准进入而不准出来。

关于幸福机器的问题是：面对这样的机器，若可自由选择，你愿意进去吗？现实中，若在大庭广众面前放着一台这样的机器，最终会有人进去吗？笔者的调查表明，对前一问题，更多人回答“不愿意”，而对后一问题，更多人回答“会有人”。

回答“不愿意”的理由，有担心不能退出的，“离不开的天堂就是地狱”；也有说，年纪太轻不进去，等人生经历丰富些再进去；还有说，要亲朋好友一起进去才行。看来“心想事成”，若加上一点点约束，事情就会变得不那么简单了。

至于回答“会有人”，考虑到的是现实情形中，人生多有波折，情绪会有起伏，一旦偶遭厄运、挫折、纠结等，心情滑入低谷，感觉极度不好，一时想不开，冲动之下，可能就会进到幸福机器，以消除当下的烦恼，而结果一进去就出不来了。

有时，幸福在于怎么看待周遭的一切。经历过起落，赵本山感悟道：“人生就是这么点儿事，当你普普通通的时候，你想过好；

当你过好的时候，你又有更高的追求；当你站在高处的时候，你才反应过来人生在低处是最幸福的。”

现实中，追求个人自我感觉上的幸福，特别需要注意的是，谨防被追求他人眼中的成功所异化。有时多与不如己的人比较，幸福感会增加。杨昌济在《达化斋日记》中写道：“思量疾病苦，健康便是福；思量风雪苦，和暖便是福。”

古人语：“不如意事常八九，可与语人无二三。”不如意，会让人心烦，从而影响幸福感。作为逆向思维，倒过来想，寻找幸福感，或许不是努力追求幸福或者消除不幸福，而是学会接受不幸福的现实，享受“没有不幸福”的平凡快乐！

快乐：不期而遇方自在

成功是得到想要的，快乐则是满足于所拥有的。对于许多衣食无忧的人来说，快乐与否实际上与物质财富的进一步增长无关，而与个人感觉相关。平常心为人，敬畏心做事，进取心修行，以超脱心态看待人生，学会欣赏过程，或许快乐就在其中。

弗兰克尔认为,“不要把成功作为目标追求——越是追求成功，把它作为目标，就会越落空。因为成功像快乐一样，可遇不可求，功到自然成；成功，只是一个人将自己奉献给伟大的事业或是他人时，一种不期而遇的副产品。”

研究表明，快乐很容易适应，即便引起愉快感觉的环境一直存在，这种感觉也很容易消散。然而，消极的情绪却会伴随着环境而持续存在。人类很容易适应快乐，却不能习惯悲哀。较之消极情绪，积极情绪强度弱，而且持续时间短。

在顺境的时候，人们很容易适应，且不能持续地体会到幸福。有人通过对彩票中奖者的追踪研究发现，中奖的幸福感觉转瞬即逝。仅仅一年后，与那些未中奖的人相比，中奖者的感受仿佛又回到了中奖之前，并没有感觉到更加幸福。

人类在逆境中才启动的情感系统，会生成某种迫使人们采取行动的持续情绪，如悲伤、愤怒等，以促人奋发进步，求生免灾。这种对于正、反情绪的不对称感觉，具有进化的意义，它不会让人体会更幸福，却可让人更好适应环境。

一味地追求快乐不利于生存。有人甚至认为，迄今为止人类所拥有的三大思想资源，都不支持人生就是追求快乐的说法。例如，几乎所有宗教，都不宣扬活着就是追求快乐，甚至更多要求的是苦修、自律、持戒、忘我、行善积德等。

中国传统道德认为“生于忧患，死于安乐”，也不支持享乐主义的说法。如果说，宗教、传统等属于文化、信仰、价值观层面，似乎带有主观性。那么，生物进化论所指出的，一味追求快乐会减少生存机会，涉及的则是客观规律。

考虑到现实竞争的存在，生活安逸的物种其经受生存挑战的能力更易下降。就如与一个整天闲着的人相比，一个每天任务很多的人，反而更容易承担额外任务，快速进入状态，高效完成工作。这就是“用进废退”，似乎有点反直觉。

追求快乐会否危及生存，关键在于以什么为乐。纯粹满足感性刺激的快乐，无助于生存力提升，甚至可能损及生存力。而以创造价值为乐、学习提升为乐、利他奉献为乐、忘我努力为乐，则若能享受这种乐的过程，或能提升生存力。

研究发现，由“崇高目标”带来的幸福感，可能会在分子水平上增进人体健康，而“单纯自我满足”则会造成负面影响。尽管两种情况下都能感受到快乐，但实现崇高目标带来与归属感、使命感等相关快乐，身心影响更佳、更久。

作为领导者，若能营造适当的环境，借助于组织氛围的影响，使员工获得成员、成就、成长的感觉，从而自然而然地处于忘我工作状态之中，感受到劳动所带来的发自内心、持久充实的快乐，则其所起的作用，将是常规奖惩所不可及的。

自由：学会舍弃与放下

理性看，人的身心自由，非常重要。感性中，许多人执着追求成功、幸福、快乐，不懂得释放自我，结果因此背上沉重包袱，无意中迷失了方向，最终为名、利、权、时尚所累，为人情、琐事所累，如此又哪来什么真正的身心自由？

例如，有些企业老板，刚开始做生意为挣钱，到后来企业做大了，就变成了为面子、为名声……说起来这是责任感，不能辜负政府、社会的信任。结果被各种外在因素推着往前冲，就担心一停下来，有那么多人看着、跟着，怎么办？

自由可分为主动与被动两类，易被忽视的是被动自由。对于决策来说，主动自由，如说点、做点什么，涉及肯定权；被动自由，如不说、不做什么，涉及否定权。重大决策，需谨防“顺从肯定的声音泛滥，而反对否定的意见失声”。

康德指出，所谓自由，不是随心所欲，而是自我主宰。自律的人生才自由。卢梭认为，“人生而自由，却无往不在枷锁之中。”古人说，“人生如春蚕，作茧自缠裹。”现实中，富裕的人群多见攀比性、炫耀性消费，如此花钱时，算自由吗？

对于领导者来说，自由就是承担抉择的责任，不仅要拍板做什么，更要决定绝不做什么。有时这种抉择，让人心中非常煎熬，因为未来看不清，结果很难料，影响很严重。可以想象，拥有这样的决策自由，实际上是很难有轻松感觉的。

当然，承担责任的决策者，若是不过度关注后果，注意欣赏自由选择、改变世界的创造价值过程，也许能够体会到更好的心身感受。佛教有言：舍得，有舍才有得，舍去执着，得到幸福！真正的自由，实际上必须学会舍弃与放下！

健康：重在防患免无妄

成功、幸福、快乐、自由的基础是什么？最终的承载体，是生理上与心理上的健康。对于人生来说，离开了这一基础，其他什么目标可能都会显得无足轻重！或如人们调侃的，人生追求很简单，“吃得下饭，睡得着觉，笑得出来”！

在满足了生存需要的基础上，有了生物学上的平安，至于社会学上的体面等，若能通过自我调整，放飞心身，当可做到不为人际比较所累。世上除死无大事，平常多想想“不要紧，算了吧，会过去的！”也许一切其他的烦恼皆可消解。

在现代社会，从人际互动看，只有适应社会的人，才是有价值的人。而从人格独立看，只有不受世俗羁绊者，才是精神自由者！两者本质上有矛盾，难兼得。多点平常心，以“出世的态度、入世的行动”为人处事，或更利身心健康！

研究发现，在那些宣称没有生活目标的人当中，患病和自杀的概率要比其他人高得多，寿命也远远短于那些有所追求的人。生活中没有明确目标，不愿辛勤劳作的人，其衰亡进程就会加速，他们的死亡率要比“积极分子”高出 50%。

心理学家也认同医学专家的观点，积极的心态会对免疫系统发挥正面的作用。如果人有目标，就会努力寻找实现目标的途径。如果没有目标，那么隐藏在人的潜意识里的自毁机制，就会悄然启动，走向死亡将成为唯一的目标。

关于健康，在没有出现问题时，人们会觉得这理所当然，无意识中自然就不会加以重视，而一旦出现异常想补救时，往往为时已晚。这意味着，追求生命健康的目标，重在防患，宜细水长流，持之以恒，而非生病了才临时抱佛脚。

如何保持良好的健康状况？对个人也好，对企业也好，不时出些小状态，如偶尔有点小失误，或许可让系统对安全问题更警觉、更敏感。通过经受小历练，可为防范更大问题的出现做好准备，为整体的长期稳健，提供更好的保障。

相反，如果一个系统，长期平安无事，什么问题都没有出现过，那反而可能会被突发异常所击垮。因为平常缺少预警演练，一旦偶遭大灾变，就很可能惊慌失措，如此容易引发大麻烦。多难兴邦，可能就在于社会免疫机制的激活。

平衡：进取还需能知止

对单一维度目标的过度追求，如成功、幸福、快乐、自由等，不符合生存法则，甚至可能影响健康活着。忧患意识，有助于生存；一味享乐，更可能导致灭亡。在太过舒适的成功环境中，要让人没事找事，防患未然，不容易做到！

在考虑企业及个人的发展时，人们在不经意间总会情绪冲动，更多关注增长与扩张之类的定量目标，而不是更关注关乎长期稳健的安全与合规等质性目标。比如，面对有钱还是有闲的选择，下意识中人们会更关注财富的增长与金钱的多少。

再如，人们不只是追求自己的幸福，还追求比别人幸福；人们关注自我与他人的比较，更多考虑自己所拥有的是否能超过他人，而不是自己真正需要的是什么。实际上，很多情况下，人们根本没有考虑过“想要”与“需要”的区别。

据说，1996 年春，瑞典的克洛普和其他 12 名登山者一起登珠峰，在距离珠峰仅剩 300 英尺时，毅然独自一人转身下山。克洛普以登山为生，在离峰顶如此之近时，决定选择返回，其原因在于，若继续登顶，会错过预定的下午 2 点返回时间。

克洛普知道，再用 45 分钟就能登顶，但却会使自己超过预定的安全返回时限，无法做到在夜幕降临前顺利下山。而在天黑前下山，对于确保安全非常重要。在如此接近实现梦想的时刻，能够理性决策，做到知止退却，实属不易。

事后的情况表明，克洛普当时的选择非常明智。当天选择继续前进的另外 12 名登山者，虽然其中的大多数都成功登顶，却因错过了安全返回的时限而葬身于暴风雪。克洛普经过几周对恶劣环境的适应后，轻松登顶并平安返家。

人的生命的确太短暂，如梅纳德·凯恩斯所言：“在长期里，我们大家都必死无疑。”受此影响，无意中人们会表现出急功近利的本能行为倾向，这就是追求当下能更快得到的成果，更加可见的局部成果，更具可比较的量化成果。

考虑个人决策的目标定位，其中面临的最大挑战性就是如何做到平衡适度。“思无涯，行有界。”为了协调好当下与未来的关系，对利弊得失，如何取舍？对跨越不同时期的追求，怎么统筹？这些思考，会反映到企业经营决策中。

企业经营

企业经营与人生追求相似，也需关注“三活”——活着、活好、活久。理性看，企业作为整个社会及产业的有机组成部分，实现“三活”并不简单地等同于规模大、速度快、盈利多，而在于能与经营环境形成长期持续的共生关系。

感性看，面对可能的更大、更快、更多的机会诱惑，人们在无意识中将很难抗拒与舍弃，直至最终触及自身能力、市场需求、资源供给等局限，甚至以失败碰壁而收场。为此，企业经营不仅要关注增加收益，更要防范与降低风险。

自主品牌与贴牌代工

问卷 1-1　甲企业市场开拓

甲企业刚创办不久，在市场上还没有名气，开发成功一个专利产品，到处寻找有可能合作的零售商。结果找到一家 A 公司，为百年老字号，在市场久享盛誉，愿意订购 10 万台，但有附加条件，要求甲企业将所生产的产品贴上该公司的牌子。请问：甲企业是否该与 A 公司合作？理由有哪些？

另外还找到一家 B 公司，设有 100 个连锁店。公司的老板非常看好甲企业的产品，要求甲企业提供一份年订货量从 5 千、1 万、3 万、5 万到 10 万台的报价单。请问：甲企业该如何报价？报价的依据是什么？需考虑哪些因素的影响？

假定：甲企业目前的产能为每年 1 万台左右。若接受 10 万台的订单，就必须进行大规模投资，新建厂房，扩充设备，并雇用和培训更多的工人。综合考虑需求不清、技术改进、产能利用、品质稳定、售后保障等要求，请问该怎样报价？

对于甲企业来说，考虑是否要与 A 公司合作，首先涉及企业目标定位，做贴牌还是做品牌？不同的定位，有不同的做法。代工贴牌，需要有产能、效率；做品牌，必须有创意、设计。这两条路走法不同，长期积累的能力也会不同。

有些企业为了当下生存，想先做代工，等积累些实力后，再设法创自己的品牌。这种想法似乎不错，只是现实操作很难做到。毕竟人的精力是有限的，对创业者就更是如此，满足不断扩大的贴牌生产需求，可能会挤掉所有其他考量。

比如富士康，此前一直做代工，当企业做大到一定程度，发现代工盈利太薄，想转型自己做品牌时，就会遇到类似不同基因调整的困难。更何况，当企业做得非常大时，其一举一动都会涉及产业链上下游关系重构，致使转型举步维艰。

发展路径与内心喜欢

在这里，最好的做法是在创业初始，当企业规模很小，相对来说也较灵活时，就好好地想清楚，自己内心最想做也最擅长做的是什么。如果喜欢创意、设计、整合，或许适合做品牌；如果喜欢技术、工艺、效率，也许适合做贴牌。

一旦初始目标确定，实际上后面的许多选择，都可能有意无意地受其影响，很大程度上都是在此基础上的不断累积。这就是通常所称的路径依赖。对于可能引发路径依赖的决策点，其选择必须静心思考，到底自己内心更喜欢做啥。

从长期看，基于内心喜欢的选择，通常最终无论结果成败，都不太会引发追悔心理。因为，做自己喜欢的事，过程本身也是一种回报。更何况，做自己喜欢的事，遇到挑战更有可能越战越勇，因而结果自然也就更有可能把事情做成。

相反，要是带有投机心理，纯粹出于利益考量，做出违背内心偏好的选择。如果最终事情做成，倒也皆大欢喜；一旦中途遇到困难，就易萌发退意，如此心态，当然也更容易将事情做砸，而且，万一结果真不如意，那可能会更后悔。

当下拍板与方案搜索

回到甲企业的例子，因为创业者更喜欢做品牌，一想到做贴牌，似乎内心就会很犹豫。为此，就继续寻找更多方案，后来又找到了一家 B 公司。许多时候，是在已有的方案中做选择，还是继续搜索更多备选方案，这本身也需要决策。

当搜索到一个方案，觉得基本可以接受时，是否要搜索更好的方案？这里不仅涉及对方案可接受程度的评判，还涉及对再搜索成本的考虑。例如，继续搜索或有不确定，可能也找不到更好的方案；而不搜索可马上行动，甚至赚钱。

放弃已有的不太符合内心所想的方案，做出进一步搜索的决定，就如以上提到的贴牌或品牌决策，从长期看，很有必要，这本来也是该慎重考虑的。现实中，舍弃马上可以赚钱的机会，继续追寻个人内心喜好，还是需要远见与勇气的。

案例中新找到的 B 公司，非常看好甲企业的产品，希望得到一份针对不同订货量的报价单。订货量从少到多，统一价格？量增价降？量增价升？到底该如何定价？决策前提：一是新产品，需求看不清；二是企业产能，并非随意可调整。

需求不明与风险规避

新产品，市场不确定，这是不可改变的事实。不确定，若带来好处，是收益；若引发亏损，是风险。创造价值以增加收益，减少损失以降低风险，这是确保企业活着的战略核心。那么，对于甲企业与 B 公司整体来说，怎么做到这一点？

从产能看，甲企业现有为每年 1 万台，制订报价单的目标，就应该设法引导 B 公司的订货，尽量按照这一产能，向市场推出产品。否则，订货量不同于 1 万，要么会产能不足，需要追加投资扩产；要么会产能过剩，造成已有投资浪费。

从需求看，市场不确定，若进一步扩大产能，定会增加产能过剩的风险。若 B 公司对新产品的市场十分看好，提出愿意先付款订货 10 万台，此时甲企业到底该不该接受这样的订单？短期看，接受这样的订单，对甲企业来说，似乎是天上掉馅饼的好事；长期看，问题似乎就没有那么简单了。

B 公司基于经验判断，主观上看好市场，并不等于客观上市场一定就能年销 10 万台。最终若能销出，能够赚到更多的钱，当然大家都很开心，只是万一卖不出，成为 B 公司的库存积压，又将怎么办？如此会不会影响 B 公司的资金周转？是否有可能冲击甲企业下一年将推出的新产品市场？

从甲企业与 B 公司整体看，因需求不确定，10 万台订单，必然存在着卖不掉的风险。无论这一风险由甲企业还是 B 公司承担，这都不能否定其中存在的因卖不掉而致积压的损失。面对不确定，要想降低或规避风险，必须小步探索前行。

有些处于强势地位的企业，为了规避自身风险，更多采取以邻为壑的做法。例如，要求供应商或采购者先行垫资等，这是风险转嫁或转移，而非降低风险。一旦爆发危机，最终可能摧毁的就是，原本可能存在的产业链上下游的长期合作共生关系。

产品报价与价值创造

基于以上讨论，降低上下游各方所共同面临的需求不确定风险，甲企业可采取的最好报价就是：以年销 1 万台为基点，作为最低价，使价量呈现 U 型曲线关系。甲企业与 B 公司若能对此报价方式形成共识，就可实现整体风险最低。

报价，一般有统一定价、批量优惠、量增价升等不同做法。为增加收益、降低风险，不同的目标定位，应该有不同的定价方式。例如，产能不足，想少卖点，怎么定价？产能过剩，想多卖点，怎么定价？市场看不清，又怎么定价？

现实中，通常能够看清的是产能、成本等企业投入或支出要素，而看不清的是需求、竞争等销售或收益要素。对于因为看不清可能引发的风险，可采取适当措施加以规避，甚至减少其波动幅度，特别是降低因波动性而致的负面影响。

有时，对于这种客观存在的不确定性，以及其中所潜藏的风险性，与企业经营有关的各方决策者，并不一定都有清醒的认识。此时就需要有市场洞见的一方通过适当的沟通，还有采取诸如定价等经济手段，对其行为直接加以引导。

在这里，需要再次强调，企业经营始终关注的是，如何做到在增加收益的同时降低风险，而不是什么所谓的高风险高回报、低风险低回报。这后一种说法，从产业平均的角度看，也许不无道理，但对领导者来说，就无异于瞎胡闹。

领导者要做的是，在别人看似高风险高回报的领域，通过采取切实有效的措施，降低各种潜在风险；在别人看似低风险低回报的领域，找到现实可行的途径，降低成本，提升收益。如此才有可能达成他人所不能达成的低风险高回报。

谈论增加收益、降低风险，必须从源头上看，是否真正创造或提供了价值。这种价值包括顾客价值与企业价值，而不只是亏损赚吆喝；是否真正降低或消除了风险，即包括上下游相关业态在内的风险，而不只是转移或分散了风险。

产业规律与创新转型

现实产业多处于不断变化之中，企业经营目标需伴随产业演化，适时加以调整。许多走特色品牌路线进入市场的企业，一开始往往采用高价做法，但此后随着产业发展慢慢走向成熟，竞争逐渐加剧，高价难以持续，低价将成为主流。

在产业成熟阶段，为支撑降价竞争，通过各种手段提升成本效率，将成为企业的主要做法。在控制成本的过程中，如果企业无意之中放松了对于品质的要求，就有可能使得企业品牌受到损害，甚至最终滑入价廉质次被同行淘汰的境地。

反过来，如果企业不愿做出战略调整，实现从初始的优质高价向价廉物美供应商的转型，那么就很有可能在市场同行竞争的挤压下，而致增长速度或成长空间受到局限，最终因无法维持行业领先的规模或市场份额，逐渐被市场淘汰。

如何顺应行业市场发展，始终维持相对的市场地位，这对企业战略目标的设定与相应措施的落实提出了挑战。有些企业由于守不住原先的市场地位，就开始采取向外突围的做法，殊不知，熟悉领域若站不稳，新兴领域生存就更困难。

类似这样的问题，在任何行业的发展过程中都存在。一开始定位高端的企业，后来随着竞争的加剧，要不要放下身段，参与降价竞争？若大幅降价，则原来以高成本保持高品质的做法，将很难继续；若在降价的同时，再降低成本，又恐损及高品质形象。

看起来，似乎怎么做都存在着矛盾冲突。做惯了高端的，做不了低端；反之，做顺了低端的，也做不了高端。不仅企业能力有惯性，存在路径依赖，调整难，顾客适应了一个品牌，也不一定接受调整。走出困境，必须要有创新做法。

当下盈利与长期竞争

从企业成长过程看，在创业初期，重点关注怎么活下去，此时开展业务，无法也不可能挑食，拣到篮子里的都是菜。到了发展壮大阶段，必须明确不做什么，即有所不为。此时重在防止恣意妄为，难在做出涉及情感的业务取舍、切割。

问卷 1-2　美国电话电报公司分拆

美国电话电报公司（AT&T）是当时绝大部分美国人知道的唯一的一家电话公司，结果因过于强大不利于市场竞争，受到了司法部的反垄断起诉。为消除公司经营的不确定因素，自 1979 年起就担任 AT&T 董事长的查理·布朗（Charlie Brown）在 1982 年宣布，

AT&T 将于 1984 年元旦自行进行拆分。

拆分主要涉及四大业务：从事电信网络设备和软件开发设计的贝尔实验室，负责通讯和信息处理设备制造的西电公司，长途电话网，本地电话网。对于保留贝尔实验室，并无争议，争议涉及其余几项业务组合的取舍。可供选择的拆分方案如下，如果由你做决策，请问你的选择将会是什么？

A. 保留西电公司与最赚钱的长途电话业务，放弃本地电话网，将其分成七家区域电话公司。

B. 保留本地电话网，放弃西电公司与长话业务，因为政府决定长话业务将向竞争对手开放。

对于问卷 1-2，根据笔者对 725 名在职 EMBA、MBA、总裁班学员的调查，选 A 与选 B 的比例分别为 46.6%与 53.4%。假设西电公司涉及的设备制造，无关公司的核心优势基础，那么影响以上选择的关键，就是对于长途电话与本地电话网的取与舍。

A 方案更为关注当前盈利回报，B 方案更多考虑长期竞争风险。以旁观者的视角，冷静看待这一选择，似乎应该更关注长期利益，选 B 的人数会多些。对于这个公司的老总来说，若面临任期盈利目标的考核，估计实际上更可能选哪个？

对于这个公司的老板来说，为自己做决策，估计更可能选哪个？显然，与老板决策相比，作为职业经理人的老总其选择或有不同。这是一个实际的案例，当时公司的老总选择的是 A 方案，毕竟选择当前盈利的方案，心中会更踏实些。

对于当初选择 A 方案，《财富》杂志（中文版）的报道认为，这是历史上 30 个最差的决策之一，因为事后表明 A 方案的结果非常糟。但这似乎不能证明，当初决策者的选择就是非理性，毕竟未来说不清，而当下盈利是看得见的。

这一例子表明，作为公司的决策者，是很难超越制度环境的束缚的。特别是当公司的薪酬体系，更多地与短期盈利挂钩时，此时若希望决策者能出于公司长期目标的考虑，做出相关方案的选择，似乎是不现实的，也是根本做不到的。

更进一步，若考虑到未来不确定，在处理长、短期利益的关系上，实际上也不能采取“成败论英雄、事后诸葛亮”的评判方式。事后发现选择很不错，就认为决策英明；事后发现选择比较差，就认为决策失败。这么做，似乎也有失公允。

规模扩张与增长局限

从企业发展过程看，经历创业、成长、拆分后，最终还可能涉及并购。并购，是许多公司为做大规模所采取的常用手法。当主业增长遇到瓶颈，又想进一步做大时，人们通常就会考虑新创、结盟、并购等扩张做法，这其中并购的做法则更受青睐。

特别是在跨界发展时，自己投资新创会受制于能力缺乏，结盟有时不太可能由自己说了算，而并购则更有可能满足完全掌控又快速扩张的目标。只是美好的愿望，并不等于就能成为现实。许多时候，并购签约只需老板想通，而并购后的成功整合极其困难。

要想通过并购整合，既实现业务规模的快速扩大，又获得高盈利回报，可能会受并购标的公司潜在增长空间的局限。急于扩大规模而进行的并购，因竞争出价，一般难有好回报。标的公司若被大家看好，可能需要支付高价；若不被看好，并购后或难见成效。

多环系统

社会经济系统的运行，涉及众多环节，单一个人或企业只是其中的一环。许多事情需多环节协同才能完成，网络时代，这种协同涉及范围更广泛。多环系统，涉及众多节点，其中是否有主次？还是互相依赖，不分主次，都重要？

目标定位，必须考虑多环的互动互赖关系。有时，这其中各环节相互配套，缺一不可，一环出纰漏，全盘皆坏，此时似乎魔鬼躲在细节中。又有时，有些环节为关键，抓住关键才能将事情搞定，而其余环节对成败的影响并不大。

魔鬼躲在细节中

一个由成千上万个部件或子环节组成的系统，若其中一个环节出问题，就会导致系统整体运行异常，此时即使每个部件或子环节的可靠性达到 99.99%的水平，整个系统出现异常的可能性仍将很高，此即所谓的“魔鬼躲在细节中”。

例如，若有两家公司，从事相同业务，其中所涉及的众多环节之间，存在着顺序相乘关系，则即使就每一环节单独评估来看，双方的水平相差无几，但最终仍有可能因各环节效果的乘积累加，而致两家公司的整体水平呈显著差异。

10 个环节的 90％连乘，结果就只是 34.87％。更何况，许多企业的经营所涉及的环节，又远超 10 个环节。就如企业产品质量的管控、品牌信誉的建立等，通常都需要众多部门、全体员工的协同努力，无论哪个环节都不能出现松懈。

正因为如此，基于动态过程视角，看待社会经济系统的运行，在涉及多环节、多时点的合作共事关系时，确保每个人的工作质量能同步达到稳定的高水平，也就是做到人际之间与时间过程无差异，这对于企业的长期口碑建立尤为重要。

古人云：“积善如登、积恶如崩”。企业整体声誉的建立，需要众多环节的长期协同努力，各个细节均做到位。沃伦·巴菲特说：“你不能只在一天、一月或一年内做到，你分分秒秒都要做到。声誉摧毁起来很快，树立起来很慢。”

基于顺序相乘的考量，考察企业产能定位的风险，可见只有按需定产，才可从源头上降低商品过剩的积压风险。其他名目繁多的各类做法，如去中介、零库存、快响应等，实际上所涉及的就只是，沿产业链或供应链上下游的风险转嫁或转移。

冗余容错保平安

众多环节顺序相乘的系统，若其稳定运行关系重大，不容任何闪失，并且需要多人共同参与，那么其设计就必须考虑冗余容错。毕竟对于任何人来说，即使思想高度重视，做事水平非常到位，仍然难免可能会在有意无意中偶发失误。

例如，为确保建筑项目的质量、安全，必须留足设计余量，才可缓冲因各种因素可能导致的品质下降；多道工序配合中，加强人员之间的互信合作，在上下工序之间形成紧密的互帮、互助关系，可形成质量纠偏校正的自动补偿机制。

企业活着，逆向思维，就是不死。不死的关键，不在增加收益，而在于降低风险，以确保企业经营不出错、少出错，甚至出错也不怕。一般地，关乎生死存亡的决策，来不得半点差错的事项，都必须做冗余、容错考虑，以防范失误。

基于企业经营冗余容错的考虑。第一，要尽量做到不会错，如安排更能干可靠的人，设计更合理的工作流程等。第二，使得怎么运作都错不了，如产品操作界面用户友好，怎么折腾都没事。第三，系统运行完全不怕错，出错亦无妨。

不会错，考虑的是能够一次无误做到位，这会对系统整体设计与运作管理，提出很高的要求。错不了，针对人们可能出现的各种误操作，努力使其根本无法进行，从而反过来保证只能正确操作。不怕错，可使发生的误操作自动恢复到正常状态。

现实中，许多看似重复浪费的并行推进工作，大多就基于如上的冗余容错考量。例如，为保进度与成功，多个同类项目小组，齐头并进搞研发；为防核心人才流失，影响公司正常经营，重要岗位配 A、B 角，重要客户安排多人跟单。

众人皆醉我独醒

企业产品研发，若每个环节均设多个并行项目组，则只要其中一个组成功，就可完成该环节的任务，如此定可加快研发进度、提升成功率。但面对外部市场竞争，当发现有项目被多家企业看好时，若贸然介入，则可能反而胜算较少。

古人云："众见其利者，非利也；众见其害者，或利也。"应对市场竞争，需逆向思维，采取反竞争而动的做法。当大家都看好时，由于众人参与，易导致激烈竞争，结果反而无利可图；反之，当大家不看好时，介入反而可能有利。

李嘉诚曾经说过，当一个想法有 5%的人知道时，你去做，就会赚钱；有 50%的人知道时，就不再赚钱；超过 50%，这个连看都不用看啦！冷静思考，或许可以想清楚这一点，现实中要做到如此却很难，市场上更多见的是盲动跟风投资现象。

反竞争而动，有助于防止竞争忽视。在这里，竞争忽视是指企业在考虑自身的下一步行动时，会相对忽视竞争同行也可能这么做。如此一来，看似相互独立的市场各方，因采取了相对同一的做法，结果引发市场恶争，终致两败俱伤。

例如，现实多见的各企业市场份额争夺战，通常就是各企业都觉得，只需自己稍稍降价，就有可能吸引更多的顾客，从而扩大自身的市场份额。实际上，当所有的同行竞争企业都如此行动时，结果就是大家都降价，份额却没怎么变。

基于反竞争而动的考量，当市场出现新事物，同行都不淡定，急切地想转型涌入时，此时，企业若能坚守主业，也许更有可能在原有领域中胜出。因为，同行企业转型搞多元化，面临市场不确定，定会分散精力，而致自毁原有主业的竞争优势。

瓶颈未必要突破

对于多环系统，许多情况下，并非所有的环节都具有同样的重要性。有时其中的某些环节特别关键，直接影响与决定了整个系统的产出水平，这种环节通常就形象地称为瓶颈。瓶颈可以看作是企业系统整体运行的约束点或者杠杆点。

从多环互赖看，系统整体的运营性能，受瓶颈环节的制约。非瓶颈环节产能的突破，不仅无助于整体效益的提升，甚至可能产生负效果，如导致库存积压等。提升瓶颈产能，有可能提升整体效益，但问题在于，瓶颈是否都需要突破？

人们在无意识中总是希望不断地发现瓶颈、改进甚至突破瓶颈。然而，作为系统整体的有机组成部分，任何局部的瓶颈环节都不是孤立存在的。许多情况下，瓶颈总是相对存在的，有时候一个局部瓶颈的消除，可能引发更多的新瓶颈。

实际上，瓶颈并非都需要突破，有时候可故意让它保留，将其作为管理的控制点，对其善加利用，使其保持受控状态。例如，根据瓶颈产能，调控整个系统各环节“人、财、物”流动的节拍，可能会更有助于保持整个系统的持续平稳运行。

基于系统运行的安全性考虑，更具创新性的冗余系统，通常不存在瓶颈。精心设计的受控瓶颈，可以起到制约系统盲目扩张或无度增长的作用。目标定位需发现瓶颈，创造瓶颈，把握瓶颈，以更好地把握系统运行的时效度与主动权。

为识别最终可能成为瓶颈约束的因素，可以自问：需求增长可持续吗？资源供给有保障吗？内部能力能支撑吗？潜在变化风险可承受吗？决策时需特别注意，什么是不可突破、改善、克服的底线，以防企业无度扩张而致最终失控！

第 2 章　价值排序

人之注意力有限，面对信息泛滥，需要判断什么信息更重要，什么信息不该关注，什么信息应该抓住。企业的资源稀缺，面对众多事务，必须适当配置，决定哪些事必须做，哪些事绝不做，哪些需重点投入，哪些该逐渐淡出……

任何决策都有边界，受局限。例如，领导者的时间精力，所能掌控或调用的人、财、物，在一定时间内，都属于有限稀缺资源，由此决定了不可能同时做很多事，必须对各种事务或情况做轻重缓急、先后主次的评判取舍，这就是价值排序。

价值，可分为正面与负面，如增加收益、降低风险等。上一章目标定位讨论中，所提到的“要”“想”“做”等，就涉及对正面价值的追求，而“不要”“不想”“不做”等，则涉及对负面价值的规避。提升正价值，化解负价值，为决策之根本。

综合考虑正负价值的评估，通常涉及对于目标“值不值”“该不该”的思考。而价值排序，或称价值取向、价值观，则关乎多重价值之间的比较判断。现实中提到的经济顶层设计、企业战略决策等，均离不开对于价值排序的综合思考。

如果说，目标定位的思考，更多受到希望、欲求、动机、理想等的驱动，那么价值排序的分析，则必须明确所追求的目标，是否真需要？需要的相对重要性程度如何？例如，在多元目标难兼得时，更愿意放弃的是什么？更应关注的是什么？

讨论价值排序，还需特别注意的是，对于“值不值”“该不该”的考虑，常常会被认为带有主观性，似乎可以完全因人而异做决定。实际上，从人类演化的角度看，许多得以传承下来的文化价值观，都具有利用规律、适应生存的客观功能，或不宜随意改动。

对于“值不值”的分析，可以判定人们想做的，或者内心急切希望得到的，是否真的非常有必要或需要做。讨论价值排序，就是面临现实存在的多目标、多主体、多环节冲突时，弄清需遵循怎样的轻重缓急、先后主次的处理原则。

作为企业的领导者，讨论价值以及排序问题，通常涉及两个角度：一是，决策者自己的感觉，此事到底值不值；二是，顾客对此喜欢不喜欢，觉得值不值。企业视角与顾客视角，有时会出现不协调，从而影响当下销售与长期品牌。

关于“值不值”的考虑，通常受多方面要素的影响。以下基于决策者的视角，先探讨个人偏好形成的影响因素，然后剖析情境、语境、心境等与人们判断选择的关系，最后讨论遭遇目标冲突或两难困境时，企业价值排序原则的确定问题。

偏好之谜

偏好、排序等，本质上关乎判断与选择。平常谈重要性、必要性、意义什么的，认为一件事值得做或不值得做，这其中所指的到底是什么？带来回报？感觉很好？体验不错？对企业来说，或许还涉及增加收益、降低风险、提升活力等。

这些提到的各种指标、尺度，各自代表一种价值表述。在一些企业中，看到有顾客至上、员工为先、股东第一之类的陈述，那么到底谁更关键？实际上，随着人们关注重点的变化，企业发展到不同的阶段，其相应的价值排序也会随之改变。

就具体评价尺度考虑，关于“值不值”，或许人们会有共识。例如，大家都希望敬业、诚信、友善、自由、平等、法治、富强、民主、和谐等。只是面对不同的现实情形，尤其是多种尺度难兼顾时，如何进行排序，可能会有不同的看法。

这表明，价值追求有共识，价值排序或不同。即使如此，在具体价值的高低评判上，还是存在着主观偏好的差异。例如，企业提供的产品或服务，到底值多少钱？定多少价格？是否真有用？就需形成共识，才可为市场供需双方所接受。

有人说："要想知道自己见解的价值，必须检验它们对别人有何影响。"企业创造的价值，只有被市场接受时，才可取得回报；个人付出的努力，只有被外部承认时，方能立足社会。这在本质上所体现的是一种"忘我、利他"的要求。

对于领导者来说，忘我、利他，这既是一种心胸境界的要求，更是一种思维方法的修炼。当人们抱有不太功利的心态时，决策洞见也就更容易显现，如此做事决策，就会更加聚焦价值创造，更能规避潜藏在各种机会表象背后的陷阱。

有比较才有鉴别

俗话说，不怕不识货，就怕货比货。具体就市场上的许多产品来说，如果单独看每个品牌的东西，似乎感觉都不错。而当这些不同品牌的产品放到一起，让人们评判时，可能又很容易发现其中的差别，甚至还会表现明显不同的偏好。

这意味着，许多产品的价值，是通过竞争比较才展示出来的，没有比较就没有鉴别，因而自然也就不容易做选择。当然，这也必须适度，从有比较才有鉴别，从而有助于决策，若最终变成了有太多的可做比较的选项，则可能又会让人无所适从，难以抉择。

有时，人们购物的原本出发点，非常简单，就是满足某一方面的功能需要。当进了大商场，面对众多的同类商品，包装各异，大小不同，差别细微，结果受困于太多的区别不大的商品展示，可能反而会让人变得不知所措，无法抉择。

例如，单独一瓶葡萄酒，无论标价多少，似乎很难做贵贱评判。毕竟对许多非专业人士来说，是无法仅凭观察就判定出酒的品质的。而一旦边上放上几瓶其他葡萄酒，甚至白酒、饮料等，可能都会有助于人们找到一点价格贵贱的感觉。

有人开店卖皮鞋，进货细心，遇有瑕疵的专门挑出，退回厂家。货架上摆放的都是优质品，但销售不太好。后来听从鞋厂老板的建议，故意在货架上摆了一些次等品，没想到，因为有了对比，生意马上火爆起来，当月盈利就翻番。

同类产品，各产品的相对比价差异，会直接影响消费者的选择。例如，美国有家零售店，出售三种电钻，售价分别为 90 美元、120 美元、130 美元。结果中间的 120 美元款卖得最差，而将其价格降到 110 美元时，销量马上提升 11%。

参照标准很关键

通过比较，形成偏好，既可能使人奋发，也可能诱人贪婪，还可能增人烦恼。关键要看选择怎样的参照标准，如何比，怎么想！据说，苏格拉底去了集市，看到众多商品后，曾发出感叹：“天哪，世界上竟然有这么多东西是我不需要的。”

试想：逛过大型超市或者精品商店后，一般人又会做何感叹呢？对于衣食无忧者来说，怎么活更有意思？若能关注个人内心当下的真正需求，相对忽略纵向、横向的人际比较，也许可以减少许多生活压力，从而找到真正的幸福感觉。

就商品价值的评判来说，可作为人们进行比较参照的标准，大致有三类：该商品过去的价格，其他商品价格，该价钱可做的其他事情。即使面对同一商品，只要选取不同的参照标准，就会产生不同的心理感受，结果导致不同的偏好选择。

对商品的绝对价格，实际上人们并无概念。在商业街的一家店里，有位女孩看中一个小饰品，问：“170 元，卖不卖？”老板答：“当然卖，不过标价只是 30 元。”原来女孩看错了标价。但接着，女孩还价道：“17 元，卖不卖？”

在我国疯狂的楼市中，就有二手房的房东坐地起价，今天刚挂出 128 万元的房价，明天当有客户来看房时，就涨成了 150 万元，再下次就变成了 170 万元，后来涨到 250 万元……这同一套房子，到底应该值多少，估计谁都搞迷糊了。

决策的参照点，有时在不经意间设定。选择较低的参照点或心理预期，所有的现实都可能给人带来超预期的快乐；反之，选择较高的参照点，更易感受伴随着期望落空带来的失望。类似的如顾客期望管理、员工考核激励等，情况也如此。

顾客选择的参照点，可能是原本毫不相关的事物。例如，顾客来到新城市，感受到优质的出租车服务，无意中就可能对紧接着遇到的酒店等服务，产生更高的预期。只有明白顾客的真正期望，才可为顾客提供量身打造的满意服务。

就决策而言，任何方案都至少存在着一个隐含的参照点，这就是维持现状、暂不作为。而对于方案的评价，一般可设定“理想”或“现实”作为参照点，以对“理想”的接近程度，或者对“现状”的改善程度，来衡量各方案的优劣。

例如，大众呼唤信息公开，反对 GDP 至上等指标排名，担心短期快增长而损及长期可持续。问题在于，只要数据透明，就极易引发攀比，谁都不想拖后腿，纵使不想争第一，至少也要略超平均，仅如此人人均想超平均，就会形成增长冲动，引发泡沫。

得失感受大不同

有个故事，说的是有位樵夫在山中砍柴，不小心将斧子掉进了深潭。这时，水中冒出一个魔鬼，手中举着把金斧子，问是不是他的，樵夫淡定地回答："不是。"接着，魔鬼又从水中摸出把银斧子，樵夫也依然诚实地回答："不是我的。"

后来，直到魔鬼从水中摸出了铁斧子，樵夫才承认是自己的。在这里，不妨设想一下，若一开始从水中冒出的魔鬼，头上插着把铁斧子，脸上鲜血淋漓，怒声喝问："这是谁的斧子？"这种情况下，不知樵夫是否敢坦承"是我的"？

以上故事揭示了这样的问题，在"得"的诱惑面前，保持高尚的道德情操，人们或许可以做到；但面对"失"的付出，需要承担严重后果时，可能就会有犹豫。现实中，攀比心理盛行，谁都要面子，担心丢面子，其中就涉及了得失考量。

一般地，对于得和失，人们存在着不对称的心理感受。对于等量的金钱之类正面价值，"损失"所带来的痛苦感受，会大于"得益"所带来的愉快程度。所以，对于得益，人们倾向于风险规避；对于损失，人们倾向于风险承担。

企业经营中，常见奖惩做法：一是做加法，绩效基点低，几乎都能达到，超过就奖励；二是做减法，绩效基点高，几乎达不到，低于就扣钱。即使完成同等工作，最后员工到手的收入一样，内心感觉与行为却会大不同：前者开心求稳妥；后者痛苦多冒险。

做加法，肯定能赚钱，人们心态淡定，更加关注稳健经营；做减法，涉及被扣钱，人们操心着急，行为或更冒险激进。希望稳健，还是鼓励激进？这里无关怎么做更好的判定，只是想说明，针对不同的目标追求，要有不同的激励做法。

面对得与失，人们会有不同的心理感受与风险倾向。注意到这一点，可以预见，采取表扬先进、鼓励绩优的做法，有助于营造稳健向上的组织氛围；而采取末位淘汰、非升即走的做法，会促生急功近利甚至不惜投机造假等歪风邪气。

从思维习性看，无意中人们也会有执念，更愿做加法；不容易破心魔，比如做减法。例如，有家公司，生产大饭店用的宰鱼机。产品功能完备，可自动去鳞剖鱼掏肠，但市场难销，因掏肠易弄破鱼胆；直至后来舍弃掏肠功能，市场才变畅销。

许多公司的投资项目，若是由老板亲自决策，通常就会出现进入容易退出难的情况。毕竟进入象征着成功，这是“得”，大好事；退出意味着失败，这是“失”，丢面子。有时，中途情况变化，本应撤出，但总想再撑一下，希望能救活，以致最后惨败而退。

少则得与多则惑

老子有“少则得，多则惑”之说，此即太多选择不如没选择。面临太多选择，会让人无所适从，从中做决策，颇费心力，令人纠结，甚至崩溃。这样，最终可能索性放弃选择不决策，或者放弃思考乱决策。这种情况就称“决策瘫痪”。

“决策瘫痪”的状况，一般不会随着允许决策时间的延长而改善。决策期限的宽延，时间紧迫感的缓解，人们的犹豫心态或更加重，甚至索性将决策事宜完全搁置。而当必须做选择时，就采取简单的“极端规避”，“选择折中”方案的做法。

尽管人们通常认为选择越多越好，实际上，更多的选择意味着更高的心力代价，可供选择的对象越少，可能反而越容易做出选择。所以，面对摆在面前的无穷可能性，只需寻找“足够好”而不是“最优解”的方案，或许会让人感觉更自在些。

企业在制订多产品线战略时，必须注意控制选择的数量，特别是在刚切入市场时，情况就更是如此。面对越是复杂昂贵的产品，顾客做出决定时就会越有压力。就如有些车企，车型太多，差异不明显，无意中就会增加顾客选择困难。

一家连锁快餐店，在午餐高峰时期，经常出现点餐排长队的情况，后来采取减少点餐选项的做法，结果使得销售大增。当然，若在用餐低谷，顾客来源及需求多样化，希望获得更多选择，那么提供详细的点餐清单，顾客感觉或更好。

在超市内设立堆头，陈列果酱供人品尝。研究发现，陈列 24 种与 6 种相比，路过的顾客中，驻足品尝的比例分别为约 60%与 40%，而品尝后到达货架时，选择实际购买的比例分别为 3%与 30%。如此综合看，陈列太多选项供品尝，似乎有点花钱赚吆喝。

给顾客提供多选还是少选，不仅要看能否吸引眼球，更要看吸引到的眼球，其中有多少能转化成实际的销售。若顾客购买更多出于从众冲动，或许有流量就可引发感性销量；若顾客购买更多出于独立理性，则仅仅有流量似乎还不够。

考虑到人们的注意力稀缺，时间碎片化倾向严重，在提供新的产品服务或解决方案时，就要尽量降低顾客的信息接受门槛，以化解顾客的选择难题。此时，要做的就是功能精到、菜单简化、选择容易等，吸引顾客尝试性购买试用。

一旦有些顾客成为成熟买家或玩家，则必须提供专业高配的升级产品或服务，以满足其在入门习惯后的不断提升需求。在这种情况下，如果企业做减法，裁减原先一直提供也有顾客喜欢的方案，就可能反而会引发销量下滑的局面。

缺省选项难自察

决策，判断选择费心力，需要行动做改变；改变，舍弃现有的易看见，未来回报难看清。由此可见，决策，涉及改变，面临得失不对称，人们无意中自然会抗拒变化，更习惯地表现为安于现状、得过且过，除非形势所迫，必须有所改变。

安于现状，不选择不等于没选择。实际上，不主动选择改变，也就是被动选择了不变。对于这一点，有时人们并无清醒认识，也很难自我觉察，严重的甚至还有可能受到操纵，在无意中做出他人所希望，而自己并不一定喜欢的选择。

先入为主的参照标准，会在无形中影响顾客的偏好。展示、陈列，可直接引导消费取向。例如，大卖场中，若同一商品的色彩等有多款，则展示什么款，什么款就更易销；类似地，在汽车 4S 店中，展厅有陈列的车型或许会易销些。

假设有 A 和 B 两个方案，需要人们表达意见，到底喜欢哪个方案。如果征求意见时，只是简单地设计一个选项，注明喜欢 A 方案的请打“√”，不打“√”就代表喜欢 B 方案。这样，可能就因打“√”麻烦，致使许多人缺省选了 B 方案。

考虑到人们无意识中存在着决策瘫痪的倾向，类似以上这样的选项设计，实际上就存在着隐含的预设偏见。如果想让人们充分表达意见，就需列出包括“喜欢 A”“喜欢 B”“说不清”等完整选项，要求人们必须从中选一项打“√”，否则就算是弃权。

对于单一选项征求意见表，利用其隐含的缺省选项，可以设计成决策者希望达成目标共识的选项，因为缺省选项易成为更多人的选择。对于这一点，设计征求意见表时，必须给予充分的重视，以免缺省选项错设，而致原定目标落空。

据说，在欧洲的许多国家申领驾照，需填写表格，其中有一栏要表态，万一出现意外，愿否参与捐献器官。各国的写法略不同，有些写“愿参与请打‘√’”，另有些写“不愿参与请打‘√’”。

结果，不管怎么写，绝大多数人不打“ √ ”。

某单位财务部，考虑环保、成本等因素，想取消原先每月寄送的纸质薪酬单，改用网上电子版。为此，给每位员工寄了征求意见函，上面写着：“若同意，烦请填写随函附寄的申请表返回我们。”如此写法，同意取消的人，会多吗？

这里必须指出，利用以上缺省选项，引导民众意见，以帮助达成更有利于公众的目标，这无可非议。但若借此操控民众心理，为企业或者个人私利服务，那就需要当心了，毕竟损人利己走不远。决策手段只是工具，适当运用需有德性指导。

随境而变

人们对于各种事件的判断，关于未来的态度及行动选择，不可能只是孤立的事件。过往积累的知识与经验，动态发生的各种变化，如事件发生的情境，信息或问题描述的语境，个人主观内在的心境等，都会随时影响人们的偏好选择。

在不同时刻、不同情境下，即使面对本质上同一的刺激，同一个人也有可能做出不同的反应。这意味着，人们的态度、意见和选择，有着惊人的可变性，衡量一种态度、看法或是偏好，并不像提出一个问题或给出一种解答那么简单。

人们的价值评判、偏好选择会随境而变。这从一个侧面印证了

“相由心生、心由相生”的主客观互为影响的道理。境变，决策也会随之改变。如此看来，本应慎重考虑的决策，似乎有点即兴随意，只是在这种即兴随意的背后，可能存在着稳定的行思倾向。

影响人们判断与选择的，不仅有外在的客观场景、内在的主观情感，还有制度、规则等潜在要素。例如，对于同样的工作失误，发生在平日表现优秀的员工身上，与出现在平常表现欠佳的员工身上相比，老总的反应就会大有不同。

再如，在高清电视刚出现时，有人做过一个实验，结果表明，放映同一高质量录像，与配以普通音响相比，若配以优质音响，许多人会觉得所看到的视频图像也要清晰得多。似乎感官体验，也是综合的结果，而非局部感知的逐项叠加。

又如，有些人任前考察时，群众反映不错；实际任职时，却问题屡现。此类情况的出现，受场景变化的影响，多属潜移默化、无意识反应，除非当事者经常反思，否则很难自察。解决此类问题，除了外部监督，警钟长鸣，别无良法。

值不值全在怎么看

据说，麦肯锡坐飞机，只坐头等舱，他说：“我在头等舱认识一个客户，就能给我带来一年的收益！”比尔·盖茨似乎比麦肯锡更大牌，有人在经济舱看到他，问他为什么不坐头等舱，他反问道：

“头等舱比经济舱飞得快吗？”

从寻找人脉机会的角度看，似乎圈子很重要，花钱混圈子是投资行为，非常有必要。而从自创盈利机会的角度看，似乎节俭很重要，当前市场竞争激烈，企业活着不易，能省多少是多少。怎么做更值？似乎观念分歧，全在怎么看。

有故事说，荒郊野外，一些清泉边，可见半边碗，方便路人饮水。有好心者，觉得破碗不雅，带了好碗放在泉边，只是好碗每放不久，就会不见。如此无奈，后来只好重又放了半边破碗。野泉边，哪只碗更有价值？有时无用即大用。

决策都期盼信息透明，只是有时透明不如模糊。组织政治中，为争取更多人的支持，有时故意说得模棱两可。金融市场上，政策意图太过清晰表达，可能易被市场操纵者所利用，从而引发短时疯狂的投机走势，带来长期不良后果。

据说，格林斯潘就经常担心自己说得太清楚。有一次，经过连续 7 次加息，人们在猜测美联储是否还会加息。格林斯潘做了演讲，他给出的信息是，既可能加息也可能不加息。演讲后，他还说：“我一直担心是不是讲得太清楚了。”

谈到金融危机时，有位大智的苦行僧认为，经济问题有长期的文化根源。例如，人们鄙视随地吐痰者，却仰视驾车污染环境者，这到底是经济出问题？还是人类价值观有问题？他觉得，金融危机不是劫难，人人有车才是真正的劫难！

就现代科技发展而言，手段的进步会带来许多新的机会，如电力、信息技术的突破，影响极其深远。似乎人的力量拓展了，时空概念被扩大了，按常规的价值评判标准看，技术能力的提升，相关衡量指标的性能改善，自然是好事！

技术性能或潜力的改善是事实，但对人类的长期祸福影响，存在争议。有人觉得，生活的改善是以自然资源的高度快速消耗为支撑，以人类整体工作节奏的加快、身心更忙乱、压力更大为代价，长期看，可能会使人的心智更迷茫！

事实本身不会说话，全凭人类解读。出于不同的目的，就会基于不同的视角，运用不同的尺度，进行不同的诠释。就如一些公司为上市，倾向于让投资者觉得自己的盈利水平很高，而为合理避税又不希望税务部门，真的认为自己有这么高的盈利水平。

形式有时重于内容

弄清别人甚至自己怎么想，实际上有点难。听清人们怎么说，观察人们怎么做，相对容易些。许多情况下，关键不在于说什么、做什么，而在于怎么说、怎么做，更能让人听得进、看着爽。基于人际互动考虑，似乎只要听着顺耳，看着顺心，一切都好办。

对于内容实质与表现形式，一般会觉得，价值偏好更重内涵而轻表象。实际上，内容实质的表现形式，即所谓的“框架”，会在无意中影响人们对于问题内涵的认知与感觉，因而最终自然会对人们的判断选择与偏好产生重要的影响。

若主动把握框架，可利用框架改变决策；若被动接受框架，就易为框架所左右。例如，某女士逛商场，看中一款遮阳帽，店员推荐说：“这是最新款，很适合你，戴上它，好像年轻了 10 岁。”这句话，若反过来想，摘下它会怎样？

适当表达的提问，可以引发提问者所需的解答。故事说，有位信徒问牧师：“祈祷时能抽烟吗？”得到的回答是“不能！”而另一位信徒换了一种方式，这样问牧师：“抽烟时可不可以祈祷？”结果得到的回答是“任何时候都可以祈祷！”

据说，盛誉之下的拳王阿里，曾有点飘飘然。有次乘飞机，空姐提示系安全带，他有些自负地说：“超人是不需要系安全带的。”空姐微笑着，平静地对他说：“超人还用坐飞机吗？”阿里一愣，系好安全带，从此不再以超人自居。

适当的说法，可让人如沐春风；而不当的说法，易让人心生反感。例如，在宾馆前台办理结账退房，若服务员说：请稍等……我们“看看是否有东西损坏和丢失”，这与“看看您有无落下东西”相比，让顾客的感受定会大不一样。

许多情况下，对提问换一种方式，可引发不同解答；对话语换一种顺序，可能传递不同的信息。例如，表达爱恨情仇，同样词语，换了顺序，感觉大不同。说：“我爱你，但是……”表示拜拜；说：“……但是，我爱你！”表示不舍。

活在当下，关注人生意义思考。有人说，要将每天都当作人生最后一天来活；也有人说，要从人生可能活很久很久来看当下。两种不同的看法，可能导致很是不同的人生态度，从而形成相异的个人行为模式，最终产生不同的人生后果。

企业活着，活好，活久，基于不同的时间框架考量，会有不同的决策偏好与做法。企业准备经营一年，有一年的方法，五年有五年的打算，十年有十年的策略。若没有持续经营的设想，无意中就不太会关注长期信誉和品牌的建设。

一元钱异于一元钱

对于一件商品，若问：“多少钱？”或存在价值评估上的分歧，易引发不同的看法。那么对于同样的一元钱，人们的看法应该会一样吧？事实上并非如此。古人语：“君子爱财，取之有道。”预算规划中，一直就有“打酱油的钱不能买醋”的说法。

抽象的一元钱，就是一元钱，相互之间无差异。现实中，此一元钱可能不同于彼一元钱。今天的一元钱，不同于未来的一元钱，可能涉及货币的时间价值考量。自己辛苦挣到的一元钱，要比遇好运得到的一元钱，让人感觉更珍惜。

创业起步时筹到的一元钱，事业有成后多增加的一元钱，年终奖励得到的一元钱，违章罚款少掉的一元钱，政府财政里的一元钱，个人口袋中的一元钱，同样的一元钱，这些情况下的意义价值一样吗？人们对待它的态度会一样吗？

同样的钱，归入不同的类，会有不同的意义。一般地，人们心中都会自行设定某种分类结构及边界，通常称为“心理账户”，它体现了一种无形的价值评估方式与视角。基于不同的心理账户考虑，定会对偏好选择产生不同的影响。

例如，对于出租车司机，若以天为单位，计算自己的收益，一般来说，一旦完成心中预设的每天目标收益值，就倾向于收工。若以月为单位，似乎更好的做法应该是，遇生意顺的日子，延长工作时间，而遇生意背的日子，提前收工。

进一步考虑，若每天生意的顺或背具有不确定性，则与按月的方式相比，按天计算的方式，可使每天从而每月的收入更具稳定性。再如，某公司新开货运航班，就采用按每个飞行班次，而非按月，或按季度、按年的方式，考核航班的损益情况。

不同分类方式的背后，可能反映了不同客观规律的要求。例如，在评估市场状况时，许多企业通常整体考量，看是否盈利。实际上，即使企业出现整体亏损，其中仍可能存在盈利的顾客，此时若能适当舍弃一些亏损的顾客，或可使企业整体扭亏为盈。

在个人理财方面，通常是小钱零碎花，大钱做大事——储蓄或投资。富裕起来的子女想关心父母，一种做法是，平常时不时地孝敬些零花钱；另一种做法是，逢年过节地给个大红包。如此看来，给零花钱，可增加平时花销；送大红包，让节日感觉更好。

心理账户现象，不仅存在于金钱使用方面，也存在于时间管理等方面。例如，对于真正重要的事情或决策，必须安排或预留出大块的专门处理时间，否则将永远都找不到合适的时间来思考。反之，没列入计划的事情，就易被忽视或忘却。

因不同分类而引发的心理账户，可能导致决策上的思维定式，从而妨碍人们对于变化情境的适应调整。例如，某电商拥有强大的自营物流体系，在接受客户订单后，若发现其中有缺货，就会根据情况拆单，将有货的商品先行配送。

有客户遇到这种情况，主动与该电商沟通，希望能够再加些钱，将缺货的小包装商品换成同款有货的大包装商品，以便与订单中有货的其余商品一起一次性配送。电商客服回答：可以帮助拆单配送，不能加钱换商品，因后者属于退货再购，需另加收配送费。

在这里，电商内部的分类管理规定，似乎有点不合情理：随意地将大单拆分成多个小单，这种增加配送成本，让顾客收货麻烦的事，客服有权做决定；而加收钱换商品，这种让顾客满意、公司增收、配送省心的事，客服却不可以做。

公司盈利的最基本做法，就是增加收益，降低成本，如果这样做的同时，还能让顾客更满意，这应该是非常理想的状况。上例表明，有时公司宁愿降低收益，增加成本，也要让顾客更麻烦。这看起来很反常，但类似情况，现实中似乎并不鲜见。

以上情况的存在，主要由于公司管理的区隔化，诸如部门、区域、预算之间，存在类似心理账户的分割，各自为政，互不协同，难以融合。数字化时代，多见分布式、去中心、去权威等提法，即使有形的物理边界能破，无形的心理账户仍难消。

有家主营不锈钢制品的企业电商，店中销售一款水槽沥水架，有精美的不锈钢隔热垫作为免费赠品，顾客希望将其换成更便宜的不锈钢砧板架。结果店家回答：无法换，因为隔热垫免费送，属于营销费用支出；砧板架为销售商品，只能卖不能送。

伦理道德视角多元

关于值不值、该不该的深层讨论，涉及伦理道德。在这里，“伦理”以“道德”为主要研究对象，而“道德”作为影响与支配人类现实决策行为的深层原则，在有意无意间左右着人们的一举一动，影响着个人的价值评估与偏好选择。

不同的道德标准，展示不同的分析视角。理想的道德追求，应当满足这样的四个伦理要求：一是功利准则，能够实现最大利益；二是道义准则，关心尊重他者权利；三是直觉准则，听从个人内心呼唤；四是环境准则，现实操作可行。

理想的道德追求不等同于现实。现实面对的决策，经常是无法同时兼顾多重伦理准则。为此，决策者必须明确，应该遵循怎样的轻重缓急权重或先后主次排序原则，以应对不同伦理标准的冲突。这是从伦理视角考虑价值评判的关键。

例如，就企业投资而言，若甲项目短期投资少，长期会有生态不良影响；乙项目短期投资较大，长期有利生态保护。如果撇开获利性不谈，抽象地考虑选哪个项目，可能大多数人都会回答乙项目，这里所体现的就是“道义准则”。

如果考虑经济效益，发现甲、乙两个项目都盈利，只是相对于乙项目，甲项目的费用更低、效益更高。则从直接投资者的角度看，该选哪个项目？可能大多数人都会回答甲项目。此时，人们在回答中所考虑的就是“功利准则”。

进一步假设，以上项目的投资，位于你长期居住地附近，项目投资对于环境生态的长期影响，将直接关乎你的亲朋乡邻乃至子孙后代。此时，如果你觉得，选甲项目不如选乙项目，自己内心更坦然。这里考虑的就是“直觉准则”。

现实中，能够同时满足所有伦理准则的方案，也许根本找不到。人们经常面临的是一种顾此失彼的两难困境，这在伦理学上被称为“脏手”问题。此时，有人主张依据“环境准则”，这就是“不为不道德的目的做不道德的事”。

这意味着，为了应对竞争压力，只要目标高尚，不择手段似乎也可允许。然而难题在于，一个不符合道德标准的手段，在被用来达成所谓的道德目标的过程中，人们又如何判断最终是为了高尚的公众目标，还是为了卑劣的个人野心。

在环境准则的指导下，如果个人放弃道德自律，极有可能变得恣意妄为。马丁·路德·金就认为："手段代表了在形成之中的理想和在行进之中的目的，人们无法通过邪恶的手段来达到美好的目的，因为手段是种子，目的是树。"

目标冲突

决策的价值排序，受众多因素影响，如个人偏好，当时境况等，而从所涉及的伦理准则看，更是视角多元，难分主次。现实操作的难题在于，如何形成决策所需的长期稳定价值排序原则，以指导多目标、多主体、多环节冲突的应对。

权变与量化：孰主孰次

问卷 2-1　权衡经理

据说，威廉·大内曾对在日本银行美国办事处工作的日、美经理进行过一项调查，问他们在一起工作的最大困扰是什么，他们的回答均认为，对方根本不清楚目标是什么。

为此，大内对他们做了进一步的采访，要求这些经理说得再具体些。结果，日本的权经理说：“如果能让这些美国人了解我们银行的管理哲学，那么他们自己就能发现，面对不同的情况，正确的目标会有所不同。”而美国的衡经理却说：“我们掌握的报告和数据都很齐全，但是从他们那里，却看不到具体的目标。如果连目标都不明确，我们又怎么知道自己做得好不好呢？”对此，请问：你更倾向于认同哪一位的说法？

A. 权经理　　　　B. 衡经理

问卷 2-1 所提出的问题是，在目标确定过程中，到底应该关注指标确定原则，还是指标数字本身？这里所揭示的，实际上是原则导向还是数字导向的区别。根据笔者对 522 名在职 EMBA、MBA、总裁班学员的调查，选 A 与选 B 的比例分别为 40.8%与 59.2%。

现实企业经营，最好能够兼顾权、衡两位经理的观点，以使得员工既清楚具体存在的量化指标，又了解企业制定量化指标的价值排序原则，以应对可能出现的目标冲突。任何过分强调其中一个方面的做法，都有可能引发不利的后果。

过分关注量化指标，一切唯 KPI（即考核所依据的关键业绩指标）是从，容易导致对被考核指标的过度看重，而对难以考核的重要质性指标的相对忽视。反之，若过分强调质性原则，相对忽视量化指标，则有可能因各人的理解不同，引发行为偏差。

是否纳入考核指标，其本身就代表一种权重考虑。没成为考核指标，人们会忽视；成为考核指标，人们易扭曲。例如，有公司规定，到外地出差，若当天返回，不能享受出差补贴。结果本可当天往返的，也选择次日回，这样，既有出差补贴，人也轻松。

有学者指出，“如果我们不计算某样东西，那么它就会被忽视。如果我们计算它，那又会曲解它。我们需要计算，但计算却支配了我们的生活。”指标作为衡量尺度，本是一种工具或手段，却会在无意中成为人们追逐的目标本身！

例如，当追求 GDP 压倒一切，引发煤炭需求剧增时，随着市场煤炭价格的飞涨，产量、速度就等同于金钱。有些煤矿为追求速度，规定了严苛的进度目标，超额的奖，完不成的罚，如此无意之中，就使得安全、流程等都成了虚设，结果导致重大事故频发。

有些看似矛盾的目标之间，实际存在的只是虚假的表面冲突，此时，只需适当调整目标考核的表达方式，就有可能做到多目标兼得。例如，对企业中常见的质量与产量的关系，就有产量优先、质量优先、两者兼顾三种不同的表述。

例如，某炼钢厂起初规定，每生产一炉钢（每炉 120 吨）得产量奖 300 元，而出一炉非计划钢（即由于成分不合要求而被判为无销售合同的钢）扣 200 元。结果，各炼钢小组每月都会出非计划钢，全厂一年就产出非计划钢500多炉。

后来，调整了奖惩政策，每出一炉非计划钢扣400元，全月无非计划钢的小组奖1000元；非计划钢不计产量奖，对非计划钢出得最多的小组，视情况加倍扣奖。就这样，非计划钢很快就由初始每月50炉降至目标希望的15炉以下。

过程与结果：孰轻孰重

问卷2-2　程果经理

某全国性房地产开发公司，下属有程、果两位区域经理。程经理非常重视项目的前期调研规划、中期设计施工与后期销售物管等整个业务流程管理工作，使得其负责的项目，成了公司内的精品楼盘。果经理并不十分重视从建筑理念到成为现实物业，并提供给客户使用的整个过程环节的管理，致使其负责的项目质量，在公司内处于末位。

但是，人算不如天算，程经理所在区域突遭政府强势宏观调控，当年实现利润只有2000万元，而果经理所在区域并未处于宏观调控风暴中心，当年实现利润达到8000万元。

对于估计可能出现的类似以上这样的情况，事前在讨论关于年度奖金的分配原则时，公司董事会存在着以下两种不同的意见，请问：你比较赞同哪种意见？

A. 大部分给程经理　　　B. 大部分给果经理

对于问卷 2-2 提出的问题，根据笔者对 2232 名在职 EMBA、MBA、总裁班学员的调查，选 A 与选 B 的比例分别为 48.3%与 51.7%。这表明，大家对此存在着不同看法，似乎觉得过程与结果都重要，难题在于如何平衡兼顾过程与结果。

若在做出初始判断后，允许人们组织讨论，看看各自的选择是否会改变。结果发现，在参加讨论的 805 人中，最终选择多给程、果经理的比例，分别变成了 40.2%与 59.8%。这表明，通过讨论，倾向于更多给果经理的比例，略有提升。

对于企业经营来说，不计后果，只求过程，显然行不通，毕竟若无收入，企业很难存活。除非因为环境不确定，偶然出现了事先无法预料的情况，导致尽管付出了努力，但结果却无收；或者是初始创业阶段，得到了创投的资金支持。

从企业整体看，必须关注结果，以维持生计，并不否定对于具体部门的考核，实际存在着以过程活动量代替结果产出量的情况。例如，有些部门，因为成果很难衡量，通常其预算的安排就会以计划做多少事，而非创造多少价值为依据。

如此做预算，久而久之，似乎花钱本身就成了追求的目标。钱花少的部门，似乎就是工作努力不够，来年可能会被降预算。这样，在各部门之间，无形造成了花钱比赛的压力，人们就会倾向于多申报、多花钱，想方设法增加预算。

佛教有语："菩萨畏因，众生畏果。"企业经营中，若能洞见商业的最根本因果关系逻辑，弄清到底哪些因可以带来怎样的果，那么只需注意做好因的工作，自然就能到预想的果。此时，只需静心做好过程这一因，自然会有预期的果。

对于程、果经理的问题，若能进一步考虑一下：如果你是老板，更想留住谁？更想提拔谁？谁跳槽会更睡不着？若同样的区域、同样的条件，与同行做比较，谁的实力更强？这样，对于该如何行动，决策者心中或许自然就会有共识了。

创新与精益：孰先孰后

问卷 2-3　新益总裁

某世界 500 强公司，先后有新、益两任总裁。前任的新总裁，在其任职期间，非常重视新产品的开发，公司多次位列《财富》杂志全球最具创新精神企业排行榜的首位，公司收入中源自最近 5 年开发的新产品的比例至少达到 1/3，只是公司的股价表现平平。继任的益总裁，在其任职期间，借助于精益生产、六西格玛等工具，注意生产过程控制，提升产品质量，通过采取裁员、加强绩效考核、削减研发费用等措施，改善运行效率。5 年中，公司利润年均增长 22%，营业毛利率从 17%提升到 23%，股票市场表现也活力十足，只是公司收入中来自最近 5 年开发的新产品的比例下降到了 1/4，公司在全球最具创新精神企业排行榜中位置下降到了第七。

现在公司再次面临总裁的更替选择，请问：你更倾向于推荐哪种风格的继任总裁？

A. 类似于新总裁　　　　B. 类似于益总裁

问卷 2-3 涉及的是创新突破与精益生产的平衡问题。根据笔者对 1243 名在职 EMBA、MBA、总裁班学员的调查，选 A 与选 B 的比例分别为 71.3%与 28.7%。在这里，更多人倾向于新总裁风格，与问卷中所涉及的公司的实际决策相符。

事实上，关于新、益总裁的选择，其中的关键在于：创新与效率孰先孰后？其背后所涉及的是长短期利益难兼顾时，进行错时平衡考量的价值排序原则。若问：新与益，谁能使企业长期活得久？谁可使企业当下活得了？结论或不言自明。

许多时候，企业面临的多目标决策，其所涉及的多目标之间，轻重、主次均相差无几，只是受时间、精力、资源等因素限制，短期内根本不可能兼顾。此时，可行的做法就是，按照时间偏好进行排序，对不同目标实行错时分步安排。

对于不同目标进行错时安排，一段时间内，先集中力量关注其中的一个或若干个目标的实现。待这些目标大致达成后，再接着一段时间，特别关注其中另外一些目标的实现……如此借助于时间过程，实现对多个重要目标的轮替关注。

明确错时安排的时间偏好决策原则，最好的做法就如骑车蛇行，在略偏左、略偏右的不停曲折运动中，保持向前方向，不致突破左右边界的约束。兼顾多种重要因素的错时关系，厘清其中所涉及的动态权重与先后排序原则，对于做好决策，非常关键。

决策中，对于重要因素的错时考量，是解决多目标冲突的有效方法。面对不可偏废的多目标，做出先后主次的顺序安排，其现实操作难题在，若以钟摆做比喻，考虑到行为惯性的存在，错时的长短，回摆的力度，怎么实现动态平衡？

价值观漂移：蛇行、登山、底线三隐喻

以前面讨论的创新与精益的关系为例，就创新或精益本身而言，需要适度把握，其中可能存在不可突破的边界或底线。世界上许多陷入丑闻的公司，都是往一个方向摆得太过，突破了其适度的界线，结果触发自毁机制，引致竞争败落。

进一步，考虑到创新本质上存在不确定，很难急成，需要远见卓识，长期有恒投入；而精益生产更可操控，易短线见效，相对来说，似乎能急功近利，无须长期修炼。那么同样一个任期，企业所

能推动的创新或精益的进程，可能就会大不一样。

类似远见卓识这样的努力，属于逆本能而行，一个任期的作用或许收效甚微；而类似急功近利这样的措施，易受本能驱动而加速，一个任期或能走很远。对于这种情况，简单地通过任期轮替这样的错时安排，或难防止价值排序出现漂移。

如图 2-1 所示，企业原定的发展路径是 0t（活着），采取任期轮替的方式，兼顾创新与精益的要求。如果创新与精益的作用呈线性、对称，则一个任期精益，再一个任期创新……可保企业发展似蛇行，长期围绕 0t 方向，无偏前进。

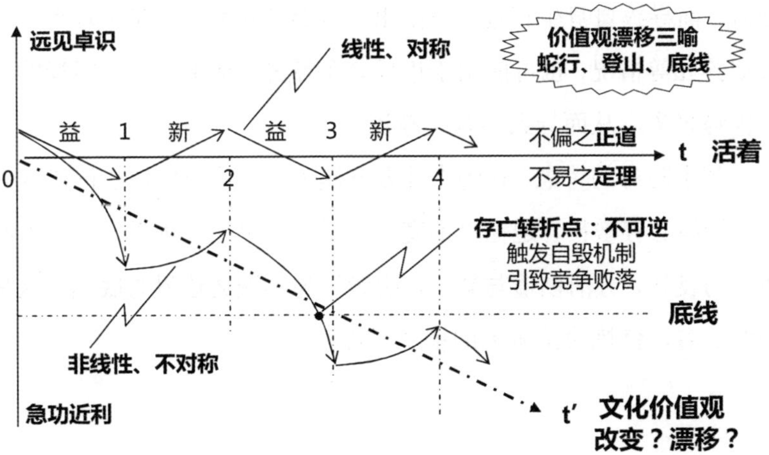

图 2-1　价值观漂移：蛇行、登山、底线三隐喻

问题在于，若创新与精益，类似登山，向上困难向下易，也即其作用呈非线性且上下不对称，则一任精益、一任创新，如此实施的长期后果，很可能会在不知不觉中，使得企业从原定的路径0t，逐渐滑落、改变或者漂移到新的0t′。

对于这种企业发展路径从0t到0t′的可能漂移，若决策者并未察觉，则一旦触及底线，就易引发不可逆转的自毁败落；若在触及底线前，企业有所察觉，就可及时修正，比如，多几任新总裁，少几任益总裁，以回到原定路径0t。

一般地，对于图2-1中提及的底线，既可能由于企业经营方向跑偏，而导致自身生存危机，如出现现金流挤死、质量上坏死、不合规猝死等情况，也可能由于市场竞争激烈，结果相对于同行的竞争优势丧失，从而导致顾客逐渐流失。

基于防患的考虑，杜绝企业发展跑偏，需从强化核心价值观入手，始终心存敬畏，遵循“不变之正道，不易之定理”；守住内心道德与良知，分清创值与禁忌，明确做与不做之边界与底线。这是企业活着，修炼决策洞见的根本前提。

第二篇

决策依据

——判断

第 3 章　事实真相

第 4 章　情绪感觉

上一篇决策前提，讨论目标定位与价值排序，以弄清决策涉及的“要不要”“值不值”问题。若进一步追问，关于决策前提的看法，其本身是如何形成的，在有意或无意中受到哪些因素的影响，这就涉及决策依据的讨论。

有别于上一篇讨论的决策前提，这里提到的决策依据，可大致分为两类：一是客观存在的事实、真相、规律等；二是主观评判的情绪、感觉、判断等。现实中，客观与主观，有着相互依赖关系，有时很难真正分清彼此。

探讨决策依据，注意到，客观事物凭主观感受认识，主观态度受客观氛围影响。有人认为，开口需三思，是否基于事实？是否值得？是否出于善意？若深究，事实、值得、善意，其本身的选择、评判、感觉，仍待解。

第二篇　决策依据

本篇决策依据——判断，关注事实真相与情绪感觉，揭示潜隐于理性与情感背后，有意无意中可能出现的认知与行为偏差，以及引发的领导者“无知”“看不到”决策依据、决策疏忽与失察等现象，试图给出改进对策。

具体地，第 3 章事实真相，基于知觉偏差、观念形成、归因推理三个角度，探讨在接收、储存、加工事实信息，寻找真相的过程中，人们有着怎样的认知特点？这些特点，能否自我觉知？会否影响决策？可否通过修炼改变？

第 4 章情绪感觉，基于内心纠结、即时反应、制度约束三个方面，试图弄清——在影响决策的理性、直觉、情感三大要素中，情感到底起着怎样的作用？其本身受哪些因素的影响？例如，因何而起？能否自控？如何应对？

第 3 章　事实真相

了解决策所需的事实真相，涉及认知过程的三个方面：一是，及时觉知各种情况变化，吸收与储存相关信息；二是，参考知识储备与经验积累等，调用所需信息；三是，在综合当下及过往各方面因素的基础上，感悟构建创意信息。

受大脑注意力稀缺的影响，人类在接收、储存、加工、调用信息的过程中，有意无意地存在着扭曲偏差。想忘的，忘不光；需记的，记不全。这意味着，决策所依据的客观事实或真相，实际上就只是一种观察者所知觉或自认为的客观。

马斯洛说："除非你忘掉自己所有的希望、理想和标准，全神贯注地倾听，否则，你不可能洞察真相，认清事实。"禅语亦云："忘其所知，才可几近于入道之门！"问题在于，记住或忘却，并非都受意识主导，常在无意间发生。

更何况，如上篇所述，人们在做出判断选择时，必然会受决策前提的影响。例如，目标定位与价值排序一旦形成，就会在不经意间成为一种预设，从而干扰人们对于事实真相的认识，甚至还在一定程度上左右着人们的情绪与感觉。

知觉偏差

每个人参与决策时，大脑总是带有一些基于过往历史所积累的知识、经验、模式等，这些既不可能完全忘却，更不可能清零。一方面，它为人们快速决策提供了可能；另一方面，作为一种思维定式，也妨碍了人们对于事实的了解。

现实中，每个人都有过往经历，会在大脑中留下各种行思样本，一旦遇事就会对照已有样本，试图从中找到可借鉴的模式或模板，以作为快速应对的参考，除非发现这是新事物，或者出现了非预期情况，才会启动试错学习探索程序。

排除心理预设与习性反应，可以借鉴佛教的内观修习，彻底放空心态，不加评判地纯静觉知事物真相，描述而不试图解释事实，如此就可免受各种主客观因素的干扰，做到以平等心去认识周遭的一切。为此，可从了解大脑认知规律入手。

选择性知觉

决策，需要弄清客观的事实真相。只是人们声称的客观，都是经主观“过滤”后的客观，也就是基于自身感知、记忆、直觉（有意识或者无意识）筛选后的真实。人们的注意力有限，对于不关注的事，存在着“不注意视盲”的现象。

《大学》道：“心不在焉，视而不见，听而不闻，食而不知其味。”现实中，眼见未必为实，不见也未必就虚。这意味着，若不用心，可能视而不见，很难认清事实真相；若太用心，可能会迷执于自身的所见所闻，恐怕也有不悟之虞。

现代信息技术发达，若真的想关注什么，很容易找到方法，获得所需的资料。问题在于，面对海量数据，如何从中感知、检索、获得决策所需的有用信息，最终还是受制于人们的信息加工处理能力，依赖于稀缺的大脑注意力资源。

对于同一事物，站在不同角度，或有不同感受。就同一个人而言，对有些事物，感受深刻，甚至明察秋毫，见微知著；而对另一些事物，则感受模糊，甚至熟视无睹，浑然无觉。这种信息感知过程中的倾向性，就称为选择性知觉。

不同的提问方式，可触发选择性知觉。例如，对人说“你今天精神很好，什么事这么高兴？”易把人引入“遇到什么好事”的愉悦回想；而对人说“你今天气色不太好，怎么回事啊？”则易将人导向“碰到什么难事”的纠结回想。

个人知觉，会受“预期”与“希望”的影响。在这里，预期是指基于个人信念及经验而形成的认知模式，希望是指基于个人情感及欲求而产生的动机愿望。一般地，可用“期望”一词，泛指影响个人知觉的认知与动机这两类要素。

期望，对于个人知觉形成所起的作用，主要表现为“信啥有啥”“想啥成啥”。这就是说，对于自己心中期望会出现的事物或现象，人们更容易感知，此即选择性知觉；对于自己非期望的事物或现象，则更容易忽视，此即不注意视盲。

具体地，信念及经验，特别是人们在无意中给自己所加的暗示，当其成了当事者信念、经验、情感、欲求的有机组成部分时，就会对个人知觉产生无形的潜在影响，结果导致“想啥是啥、怕啥来啥、愈怕愈甚”的自我实现后果。

类似地，情感及欲求对于知觉的影响，就如俗话所说的“物无美恶，过则为灾；人无好坏，喜则为善”。这意味着，即使对于同样的事物，伴随着个人情感及欲求的变化，也会产生不同的知觉，从而影响对于事实真相的客观评判。

选择性知觉所导致的不注意视盲，会使人受制于自我知觉，产生思维定式，难以自我突破。例如，当你觉得某人行或不行时，无意中就会更多看到其优点或缺点，而有时这种所谓的优点或缺点，可能就只是人为所加的不同解释而已。

人们更易知觉到自己期望的事物或现象，并不意味着期望之外的事物就真的不存在。那么不注意视盲现象又是怎么产生的呢？这主要是由于，面对非预期或不希望的事物或现象，人们会有意无意地做出不同的解释甚至直接加以否认。

例如，将预料之外出现的 A 事物，主观解释为是期望的 B 事物，或者 B 事物的特例，有时甚至干脆装鸵鸟，认为 A 事物不可能出现，觉得这是观察有误所致。如此一来，自然就会导致这样的结果：期望事物会被强化，意外事物易被忽视。

事后诸葛亮

对于连续变化的事件，在记忆的唤起过程中，常常受到后续信息的影响，人们会有意无意地修正对于事件早期资料的记忆。而且，这种修正总是向着与后续信息证明的判断一致的方向调整，结果在无意中不断强化了人们自我虚构的“先见之明”。

现实中经常遇到一些人，在某企业的投资项目失败后，声称自己早就说过，这个项目肯定不会成功；看到一个企业成功后，觉得该企业是听了自己的建议才成功的。这种“我早就知道”式的“后验之明”，简称为“事后诸葛亮”。

事后诸葛亮现象的产生，常常是无意识的，这是由人类大脑的记忆特点所决定的。在大脑的记忆中，对时间与空间的处理方式并不相同，对不同空间的感受有着明显的区别，对不同时间的记忆则是不分先后、不断累积、相互叠加的。

根据回忆所得到的信息，实际上是经过大脑重新加工整理过的，并非原始信息的真实再现。这种情况，称为记忆重构。在许多事后的再认或回忆中，人们都会不经意地添加或者省略一些细节，只是当事者可能对此并不自知而已。

对于一个未来结果具有不确定性的事件，若在事件发生前，让人们估计一下各种结果发生的可能性。然后，在事件的实际结果出现后，再让人们重新回想一下，在事件结果出现之前，当初自己对于结果发生可能性的判断情况。

有实验表明，重新回想当初自己的判断时，与事后不知道实际结果情况的人相比，事后得知实际结果情况的人，表现出了较高的“预测水平”，也就是觉得自己当初具有较高的预见性，尽管这与实验者实际记录的人们事先所做的判断情况并不相符。

对于一些事先曾有争议的决策，事后回忆时，争议的各方通常都会觉得当初决策时，是对方忽略了重要的信息，而自己的表现则显得更有远见些。这意味着，如果仅仅凭记忆来追责，是完全有可能在当事者毫无知觉的情况下出错的。

注意到记忆重构现象的存在，可以认为，高调宣示的经验教训，通常并不靠谱。毕竟谈成功经验，为自证“英伟光”，多夸大其词；论失败教训，为少自揭伤疤，易避重就轻。所以，对经验，需审问可否移植复制？对教训，需慎思怎防重蹈？

特别地，对于管理教育中使用的案例，更需防止事后诸葛亮式的总结。许多看似精心设计的完美战略，可能就只是对机缘巧合、歪打正着的事后总结。面对不确定未来，现实经营决策，不仅依赖于过往的知识经验，更需要前瞻眼光与创新突破。

简捷化直觉

对于决策来说，应对复杂变化的环境，仅仅停留于知觉与记忆还不够，还需要在过去的基础上有所突破、有所创新，这就是需要洞见，以帮助指引未来、创造未来。关于事实真相的决策洞见，很大程度上来源于简捷化直觉的途径。

特别地，面对瞬息万变的市场，常规的认知方法无法应对信息的爆炸式增长，或者根本得不到及时完备的可参考信息、经验，此时若需快速决策，就不可能有时间进行深入调研，那么就只能是凭借本能即直觉，以作为判断选择的依据。

直觉推断与理性思考，乍一看似乎处于决策的两个不同极端，而实际上却只是同一过程的不同阶段。直觉所带来的一闪念式的灵感，并不一定代表着终极解答，但却有助于颠覆惯性思维，为可行解决方案的构建，提供更多的可能。

研究表明，人类的潜意识有一种能力，可在极短的时间内，凭少许片断经验，仅收集较少的必要信息，就能做出内涵复杂的判断。这种基于长期积累的能力，可用“知其然，不知其所以然”的直觉、本能、内心呼唤，甚至预感来形容。

直觉的成功运用，需要有一定的知识与经验储备作为基础，如果这些基础并不扎实，那么在选择性知觉与事后诸葛亮的作用下，就很容易迷失方向，得出根本经不起实践推敲的结论。在运用直觉判断时，对此必须给予充分的注意。

特别地，在缺乏知识、经验与信息的情况下，人们的直觉判断可能存在着这样三种倾向——易受某些随意出现的初始值的影响，这称为“无意锚定”；倾向于将“显著易得”信息就当作真相；以先入为主的“第一印象”主导决策。

无意锚定

例如，在一些旅游景点的商店里，人们经常会遇到漫天要价的情况，尽管此时允许人们还价，但由于受到商家所开高价的无意锚定影响，对一般的毫无经验的消费者来说，即使非常下狠心地使劲还价，最终给出的仍然是较高的价格。

再如，房产中介在带客户看房时，若先看一些性价比特别差的房子，再看性价比较高的房子，这样做就更易提高成交率。对于一个真正想买房的人来说，看过很不满意的房子后，再看到性价比高的房子，自然就更易做出购买的决策。

研究表明，人们比其自己所认为的更依赖于本能直觉，在每天所做的事情中，超过 90%几乎完全遵从惯常的程序。这意味着，个人日常生活的大部分决策，不是由他们有意的动机或审慎的思考所主导的，而是临事即兴，由其所处的具体情境无意中触发。

显著易得

越是生动具体的情节，越是容易想象的情景，越是反差显著的事件，就越容易被有意无意地在大脑中唤起，从而使人直觉地以为更有可能频繁发生。例如，一起发生在附近并见诸媒体报道的抢劫凶杀案，更容易使人产生环境不安全的感觉。

这种由于事件的“显著易得”而引发的错觉，不仅表现在语言、文字、图形的客观展示上，还表现在人为的主观想象中。一个非常雄辩的陈述，只要听起来像是真的一样，就会引起人们的直觉联想，觉得这更有可能就是事实真相。

在商业社会中，利用显著易得性，可以起到改变人们态度或看法的作用。一种品牌的商品，只要占满超市货架，就会使顾客接触不到其他品牌的同类商品，并且产生错觉，以为这一品牌的商品更好，否则，货架上怎么会不见其他商品？

第一印象

人们习惯于用迅速而不假思索的方式得出结论。例如，心理学的研究表明，长相和性格的联系微乎其微，但却仍然无法阻止人们以第一印象来判断人。人们会在很短的时间内，就确定一个人是否拥有诸如亲和力与能力之类的个性。

心理学家发现，看到某张新面孔的 1/10 秒后，人们就会做出关于这个人的吸引力、亲和力、信任度、能力和进取心的判断，从而也就确定了这个人在自己心目中的印象。对这张面孔多看一会儿，人们只会进一步强化初始的判断。

调查发现，全美 500 强企业的男性 CEO，几乎都是高个子，而在全美男性人口中，超过六英尺的高个子仅占 14.5%。这意味着，对于领导者的相貌，人们有着先入为主的刻板印象，一旦出现符合这种印象的人，就易忘掉其他的考量。

观念形成

人们基于知觉、记忆、直觉等形成的观点或信念，既可能源自顿悟，即无意识的本能反应，不经思考快速自发地产生，不受人的有意识心理状态的影响；也可能基于渐修，即有意识的理性思维，如长期探索的积累或激情专注的思考。

观念（观点或信念）一旦形成，就具有自证其合理性的魔力，即使其本身并不一定绝对无误。首先，它会通过影响人的态度，最终影响到行为，结果导致“信者则灵”的后果；其次，它会排斥其他观念，让人自以为是，甚至故步自封。

如果注意到，观念有着天然的自我肯定倾向，希望不断进步的决策者，对于各种有意无意出现的观点，就必须时刻保持一份警觉心。这就是，对自己的观念或想法，多一点自我质疑与批评；对他人的观念或想法，多一点倾听理解与肯定。

信念作用

某种思想，一旦被人们所接受，进而成为一种信念，就会对人们此后的思维和行为产生影响。进一步，若思维与行为过程，会在有意无意中对事态的后果产生决定性的影响，而信念的作用则会产生更为奇妙的“信者则灵、疑者易败”的情况。

教育学与心理学中存在的“皮格马利翁效应”与“人际自我实现预言”表明，一个人对另一个人行为的善意预期，真的会产生所预期的结果。因为预期会影响自身及他人行为，引发人际互动关系改变，从而带来“信啥有啥”的后果。

信念影响心态，心态决定行为，行为产生后果。从这个角度看，许多情况下，“不是因为事情难办，人们才失去信心，而是因为缺乏信心，事情才显得难办。”罗曼·罗兰认为，“居于一切力量之首，成为所有一切的源泉，是信仰。”

实验证明，当人们由衷相信某件事可能发生时，这种信念不仅会影响心理感觉、主观态度，还会影响到生理反应与实际行为，从而激活大脑中的特定系统，事实上改变了人们此后的体验。医疗中的“安慰剂效应”，就是其中的典例。

当然，重视信念所起的心理暗示作用，并不意味着精神万能，更需注意识别那种通过夸大心理作用，甚至借迷信害人的情况。信念是把双刃剑，其积极效应若超越其适度的边界，就有可能掉入过度自信的陷阱，最终变成盲信或迷信。

一般来说，一个人过度自信的程度会与其过去成功的经历相关，与其所掌握的资源、所拥有的名声与权力成正比。查尔斯·汉迪指出，作为国家及大企业的领导者，若周围满是恭顺、恭维、恭敬者，要想不变得骄傲自负，似乎都难。

过度自信的不良后果在于，做事可能丧失敬畏心，无意中更容易自以为是，听不进不同意见。这种倾向，若逐渐漫延到整个企业的经营乃至所有事情，结果就可能因盲目自信、欲望膨胀、过度扩张等重大决策失误，引发企业败落。

对于过度自信的界定，尽管存在文化差异。例如，明茨伯格曾指出，坦率地表明自己的能力，在某些文化下被认为是“自夸”，而在另一些文化下则认为是“自信”。但是太过乐观，盲目决策，引发灾难，其中就多有过度自信的影子。

新近研究表明，面对一项具体工作，与那些告诉自己定能胜任的人相比，注意自问能否胜任的人，通常干得更好。这与原先流行的看法有所不同，此前通常认为，自我肯定能提高人们达到目标的能力。现在看来，情况似乎略有变化。

信念守恒

对于符合信念的说法、证据，更容易被接受，这称为肯证倾向；对于质疑信念的观点、证据，则较易遭排斥，这称为否证倾向。受肯证与否证两种倾向的影响，结果容易产生信念守恒，这就是信念似乎能够自我实现，自证正确，永不出错。

一般来说，人们更愿意听与自己观点相同或相似的意见，对于“逆耳忠言”往往听不进去，因此有人甚至觉得“没有人真正懂得倾听”。尤其是领导者，即使明知“兼听则明、偏信则暗”的古训，但无意中仍对偏听偏信乐此不疲。

逆耳忠言，需看对象。释家说：“佛度有缘人。”道家说：“上士闻道，勤而行之；中士闻道，若存若亡；下士闻道，大笑之。不笑，不足以为道。”从这个角度看，或许更好的做法应该是，能以别人听得进的方式，表达自己的不同意见。

在人际交往中，如果问：喜欢听真话还是听假话？估计人们一般会回答：听真话！如果再问：喜欢听好话还是听坏话？那么人们一般会回答：听好话！综合对于这两个问题的回答，可得结论：人们喜欢听真的好话！“真的好话”存在吗？

“信言不美，美言不信。”对领导者来说，从冷静理性的角度看，当着你的面说出的好话，总是有点让人觉得不甚可信，甚至需怀疑说话者的动机。只是从即时感性的角度看，无意中人们还是更愿意听顺意的好话，而反感听逆耳的坏话。

人们不仅不愿听坏话，甚至还会在无意中迁怒于传递坏消息的人。据说，成吉思汗曾经制定过一个法典，其中明确规定“传回不祥情报者斩”，试图以此迫使将士们努力做到攻无不克。即使在现代，难怪许多组织内仍普遍存在着报喜不报忧的情况。

报喜不报忧的问题在于，大家不想说也不敢说，并不等于坏消息不存在。万一出现坏消息，若不及时上传，就很容易贻误应对时机。有人认为，在决策上人们通常只做两件事，有时候在做正确的决定，有时候在证明其决定的正确。

考虑到“听得进劝告的人，也是不用劝告的人！”为让人知情、愿听、力行，不仅如前面提到的开口需三思——基于事实、值得发言、出于善意，还需采取“顺耳逆意”的方式。否则，即使好心建言，也可能因为难以得到认同反而坏事。

俗话说："良药苦口利于病，忠言逆耳利于行。"对于听者来说，若能以此自警，理性地提醒自己，注意倾听不同声音，显然是个不错的选择；但对于言者来说，千万不要以良药忠言自诩，必须考虑听者主观上的心理感觉与接受可能。

有意无意间形成的信念，实际上代表了一种成见，为了打破成见的束缚，需要学会质疑，习惯于坦然面对质疑。处理质疑与被质疑的关系，相互信任是基础，"顺耳逆意"的表达是妙招。虽然质人容易疑己难，但若真够做到一点，善莫大焉。

质疑他人容易，只需人说东你指西，若坚持如此做，定能很快讨人嫌，让自己成孤家寡人。质疑自我困难，承认不足会丢面子，逆耳忠言听着反感，顺意美言闻着心喜，只是若能通过诚心自我质疑，学会自我反思，定可使自己开眼界、增见识。

故事说，有位从不认错的经理，有一天当众宣布自己真的搞错了，这使其下属职员们惊讶不已。"您错了？"在场的一个人惊叫道，"这不可能吧？""对！"经理答道，"一开始，我以为自己犯了错，但后来我发现，是我搞错了。"

这表明，指出别人的错误，较容易；认识自己的错误，很困难！为此，突破思维定式，实现自我超越，可采取这样的做法：对他人的观点，先肯证，再否证，以利吸收有价值的东西；对自己的观点，先否证，再肯证，以防先入为主。

共识偏见

人际沟通中，人们无意中会有一种错觉，想当然地以为，对许多事情大家应该会有共同的理解与看法，这被称为“共识偏见”。以为自己看到的，别人也看到；自己知道的，人家也知道；自己能懂的，他人也能懂。事实并非真如此。

现实中，人们常常面对的是有差异的情境，即使面对相同的情境，也可能会有不同的感受。此时，若主观地认为“人同此心，心同此理”，试图以己度人、推己及人，就很有可能会在不经意中掉入自以为是、自我中心的认知陷阱。

受共识偏见的影响，人们在谈论自己熟悉领域的情况时，往往会以为别人也熟悉，无意中就显得太简要，结果令那些实际上并不熟悉情况的人，听得云里雾里。例如，许多技术专家写的产品说明书，一些院士出版的科普读物，很容易让人看不懂。

许多情况下，即使努力设身处地，推想他人的真实态度，实际上所得到的，仍只是自己想象中的别人态度，并不代表别人一定真的就是如此想。盲人摸象，各有各的理解，很难达成一致。这一点，在企业评估顾客需求时，也可能存在。

企业眼中看到的市场需求，与顾客希望满足的真实需求相比，这两者可能存在着错位情况。消除这种错位，不能仅凭产品设计或生产者的猜测行事，需要走近顾客，直接倾听他们的想法，观察其实际的消费行为，才易找到有效对策。

企业实际做事者与产品使用者相比，在年龄、偏好等方面，若存在显著差异，则以企业视角推测顾客需求，可能很难推得准。例如，关注社会老龄化，谈论“银发经济”，但许多老人产品的标识等，字体极小，色彩模糊，即使戴上老花镜，也仍是看不清。

利用共识偏见，可以获得原本不易得到的信息。例如，想了解张三对某事的真实看法，但考虑到此事比较敏感，张三可能不愿直言相告。此时，不妨问张三，“你觉得李四对此事有什么看法？”或许就可间接地了解到张三的内心想法。

在这里，运用的是心理投射技巧。特别地，当你所提到的李四这个人，张三实际上并不十分了解时，那么张三所谈出来的，所谓李四对此事的想法等，实际上就是张三基于自己对此事的感觉，根据其共识偏见推测出来的所谓李四看法。

基于共识偏见的考虑，许多情况下，有下属到领导那里反映情况，打着人家的旗号，说是某人有什么意见等，其实可能代表的就是他自己的意见。毕竟，如果他内心不赞同别人的观点，或许不会主动传递给领导。当然，另有企图者，除外。

共识偏见的存在，有时意味着，有知还不如无知，这可称为“知识诅咒”，或“知道的烦恼”。如果个人修炼不够，有些事情，一旦知道，很难淡定；还有些事情，熟悉情况，反受束缚。真想做到“大智若愚、难得糊涂”，实不易。

人们在获得信息后，很难装作不知道，结果或觉得可能大家都懂，无须沟通；或觉得自己比别人懂，自以为是，这些都会妨碍有效沟通。现实中，每个时代的人都有点自我中心，总倾向于觉得自己那一代的经历很特别，实际上就只是各有各的特别。

就群体决策中的信息共享而言，当大家掌握相同的信息，实际上无须交流时，倒是相互沟通比较方便，也容易达成共识。当大家掌握各自不同的信息，最需要通过交流，以互通有无时，反而更可能出现“各吹各的号，各唱各的调”的情况。

以上这种情况，称为“信息共享悖论”。季羡林先生曾感慨，“学者们常说：‘真理愈辩愈明。’我也曾长期虔诚地相信这一句话。但是，最近我忽然大彻大悟，觉得事情正好相反，真理是愈辩愈糊涂。”果真如此？怎么走出困局？

群体决策中，为了弄清事实真相，达成重大决策的共识。首先，对于重要的决策信息，需通过私下交流方式收集；其次，对于收集到的信息，要尽量完整地分享给决策参与者；最后，基于相互尊重理解，学会不加预设地观察倾听。

显然，私下的单独交流，更可能听到真话，并可回避会议交流的面子相争与从众迎合等；完整分享决策信息，可以化解“信息共享悖论”，更易形成团队共识；对于发表不同意见者，领导若能做到，尊重理解，不加预设，观察倾听，就更能促成坦诚交流。

基于以上讨论，认清事实，发现真相，需注意消除知觉偏差、信念守恒、共识偏见等不良影响，尽量排除无意识中存在的主观预设与猜想。正是从这个角度看，移情换位不如观察倾听，设身处地不如亲身体验，充分沟通不如信任理解。

描述事实，看到什么就是什么；不要解释，以免加进主观猜测。如此或更易发现真相。只是习惯上人们在陈述事情的时候，总是希望找到原因，得到解释，想弄清到底为什么。因此，“因为……所以……”的句式，现实中很常见。

问题还在于，要找到真正的原因、理由，事实上并不容易。许多时候，一些事态的出现，人们根本不知道缘由，或者因为涉及因素太多，不可能理清关键缘由。在这种情况下，若一定要谈论什么理由，人们可能无意中就会编造理由。

归因推理

归因，涉及行为产生原因的解释。一般来说，影响人们行为及后果的因素不外乎两类，一是外在情境及其心理投射；二是相对稳定的内在个性特征。从理性决策的角度看，关键在于弄清行为原因，到底属于外部情境还是内部个性。

推理，关乎事物内在逻辑的说明。一般来说，推理既需要了解各种客观事实，还需要弄清体现在各种客观事实背后的逻辑关系，比如相关性、因果性等。在这里，尽管推理涉及的事实真相是客观的，但对逻辑关系的判断仍涉主观性。

通过归因与推理，有助于弄清反映在事实真相背后的行为原因与内在逻辑，从而为决策提供事实真相方面的依据。为了做好归因推理，需要了解现实存在的归因偏差，有必要弄清推理所需遵循的步骤方法，以回避归因推理的误区。

归因偏差

在归因过程中，由于受人为主观因素的影响，最终得出的因果判断结论，可能会偏离真实的客观规律，这种倾向称为归因偏差。归因偏差，常在人们无意识中发生，容易导致对因果关系的错误判断与扭曲理解，从而引发严重的决策失误。

归因偏差一般有三类：一是主客归因，将行为及结果更多归结为个体特征，相对忽视情景因素；二是人我归因，对自我更多看到环境制约，对他人更为关注个体特征；三是正负归因，将正面视为自己个性特征，把负面归咎所处环境。

无意中出现的归因偏差，总体上有点美化自我、贬损他人，体现了人类的自我中心、自以为是倾向，代表了“事态可控、操之在我”的虚幻感觉。这些均在一定程度上反映了人们内心的潜在追求，但却并不符合决策者所面临的客观实际。

对于成功、正面的事情，若发生在自己身上，即使运气使然，也会觉得是自己能干，才抓住了机会；若发生在别人身上，则即使出于其能干，才创造出了机遇，也会觉得是其碰上了好运气。对于失败的、负面的情况，则会反过来做归因。

有时甚至是做了同样的事，也会倾向于认为，自己比别人有着更好的做事动机。归因上的自我肯定与自我夸耀，经过不断强化，人们慢慢地可能会真的感觉自己特能干，从而变得信心满满，做事更积极投入。如此看来，似乎很不错。

关于独特自我的感觉，一旦过度放大，甚至膨胀到目空一切、目中无人的地步，就很有可能引发盲目、盲动的不良后果。例如，将偶然的运气看成努力的必然，将意外的惊喜当作成功的常态，就会在无意中形成“成功可控”的幻觉。

现实多见成功佳话，人们更崇拜、尊重、追随成功偶像，只是容易忽略或忘却历史常识：成功的神话、奇迹，不可能简单复制、模仿，毕竟商业机遇、企业境况、个人特质等，都不可能重现。看待成功，更需反思伴随的问题与危机。

有人觉得，归因分析有着揭示规律与落实责任的双重作用。因果推理，既可弄清运行机理，也能界定责任权利。若将关注点放在运行机理，则有助于总结经验，改进提高；若把关注点放在责任权利，则有助于分清权责，奖惩适当。

因果推理的不同目的取向，无意中会引发不同的归因态度、行为与结果。例如，弄清因果联系，若为分清权责、适当奖惩，就易出现邀功诿过的情况；若主要为改进，则无论事情成败，都更能吸引更多的人主动参与，共同学习提高。

归因偏差的形成，也可能是由于人们认知能力有限，无法洞察事物真相，而并非刻意为之或无意中形成。例如，人们的注意力稀缺，在一定时间内所关注的重点，只能聚焦于一个或少数几个关键因素或事物上，而对其他的情况就会无暇旁顾。

还有时，受限于决策所面临的情境，很难做到客观归因。例如，问题本身太过复杂，受众多不确定因素的影响，时间紧迫来不及细想，很难梳理出简单清晰的因果线索，此时就只能凭决策者个人的本能、直觉或按组织的惯例去行动。

面对不确定，难以弄清因果关系，人们可能会有这样的归因倾向：对于偶发的事件，无论成功或失败，如果印象深刻，不易忘记，则一旦经历过，就会高估其再次出现的概率，从而影响到归因，最终引发守株待兔或杯弓蛇影的结果。

对于频发的事件，若情况一直很好，无意中会低估问题、高估能力，导致过度自信，最后因主观放松，而致问题出现；反之，若情况一直很差，无意中会高估问题、低估能力，导致悲观失望，最后因放弃努力，而致问题加重。对此，该怎么应对才好？

完备推理

缺失数据：不叫的狗

推理需要数据。诚如福尔摩斯所言：“在没有数据之前就开始推理是一种致命的错误，人们会不知不觉地通过扭曲事实去匹配理论，而不是要求理论去切合实际。”那么，推理到底需要什么数据呢？有时数据就在那，就是没发现或者不会用。

关于数据，其中有些对于推理特别重要，却不太引起注意，甚至根本就被忽视了。这类缺失的数据，有人将其形象地比喻为“不叫的狗”。在《银马车》故事里，福尔摩斯注意到了午夜“狗不出声”，才从中推断出可能熟人作案。

许多情况下，有关事实真相的细节数据，就像“不叫的狗”，原本就一直存在，仅仅因为人们没有注意，未能被及时发现并加以适当运用，结果在无意中就成了重要的缺失信息。如何注意、发现或寻找可能存在的缺失信息？考验着决策者的洞见。

推理说明：一则笑话的启示

受注意力稀缺的局限，人们通常只会选择性地注意到有什么，而难以发现因不注意视盲而可能忽略了什么。缺失的信息，可能混杂在你所拥有的众多信息之中而难以识别，也可能根本尚未掌握，更不会主动显现，而需要人们去揭示。

揭示现实存在的缺失信息，发现隐藏的事实真相，提升决策推理能力，是否存在切实有效的方法或客观科学的规律？这可从一则笑话说起：有小孩生病，不想去医院，家长问缘由，小孩答：“我发现去医院的人，后来都死掉了。”

以上笑话中，小孩的归因偏差在于，只注意到“去”并“死”掉的信息，而忽略了其他的缺失信息。真想判定去医院，是否有助于治病或会不会加剧死亡，必须了解更多情况，以弄清去与未去医院相比，最终病人的存活率或死亡率是否存在显著的不同。

不失一般性，若以去医院看病为例，为了弄清是否去医院的行为，与最终是否死掉有无因果联系，需要四部分信息：一是去医院后死掉的人数，二是去医院后存活的人数，三是未去医院仍死掉的人数，四是未去医院仍存活的人数。

如表 3-1，对于原因“医院”，存在着“去”与“未”两种不同的选择；对于结果“状况”，存在着“死”与“活”两种不同的状况。通过计算表中的数据，对比不同行为的死亡率差异，从中或能发现去不去医院，其后果是否大不同。

表 3-1　因果推理说明

<table>
<tr><td colspan="2" rowspan="2">样本数据 x</td><td colspan="2">后果：状况？</td><td rowspan="2">死亡率 r</td></tr>
<tr><td>死</td><td>活</td></tr>
<tr><td rowspan="2">行为：
医院？</td><td>去</td><td>x_{11}</td><td>x_{12}</td><td>$r_1=x_{11}/(x_{11}+x_{12})$</td></tr>
<tr><td>未</td><td>x_{21}</td><td>x_{22}</td><td>$r_2=x_{21}/(x_{21}+x_{22})$</td></tr>
</table>

严格的因果推理，需要关于各种因与各种果关系的完整信息。现实中，人们进行因果推理，通常都是依据自己注意到或所掌握的信息。这似乎没什么错，只是需注意，同时不要忽略其他重要的缺失信息，以免导致归因偏差甚至错误。

推理的正反合

现实决策，往往需要考虑众多因素，同时又受时间、精力、资源等局限，这样一来，试图搜集或掌握完整数据，进行因果推理，实际上既不可能也没必要。如何运用有限的数据进行推理，而又不致疏漏重要的缺失信息，似乎非常关键。

任何因果推理，都可能有正向与反向两种不同的表达，有时正向表达容易理解，另有时反向表达更为简明精到。若能注意综合运用正、反思维，也就是学会正向思维与逆向思维，并能随时转换，就易洞察因果推理所忽视的缺失信息。

例如，有人发现，一般长寿公司都是财务保守型的，能否由此反向推论：财务保守型的公司更可能活得久？再如，有人看到，许多快速成长的公司都快速灭亡了，可否由此正向推论：快速成长的公司更易快速灭亡？显见，这是有问题的。

不同的推论，有不同的数据要求。例如，就一个人来说，要正向肯证其品行端正，需无限举证，通常盖棺才可定论；要反向否证其品行不端，只需举出一个反例。由此看来，试图通过有限的正面举证，为污点当事人洗白的做法，多无效。

又如，城市新增景观雕塑时，会听到许多反对声音，而除了参与规划设计者，似乎少闻赞赏声音；反之，拆除原存景观雕塑时，也会听到许多反对声音，不太听得到赞同的声音。在这里，正反各方的呼声，存在着信息表达与传递的不对称。

化解信息表达与传递上的不对称，在重大决策中，不仅要倾听积极发言者的看法，还需了解沉默甚至缺席者的看法，这些看法可能正好反映缺失的信息，代表着受决策影响的更大多数人的利益，甚至还影响着所做决策最终能否顺利实施！

虚幻因果

找到行为与后果的逻辑联系，发现事物发展的内在规律，从而为决策提供可靠的依据。若能做到这一点，当然比较理想，只是现实常与理想存在距离。现实中，受各种条件制约，经常面临因果关系不清，或者一时无法弄清的情况。

有人觉得，互联网时代，数据收集和共享方便，海量庞杂的大数据不同于以往精确的小样本，基于确定论的因果联系或会被基于不确定的相关性所取代，关注未来预测更甚于严密逻辑。但这似乎仍离不开人类的创意、直觉、洞见与进取。

特别地，就企业成败而言，受多种因素影响，如机遇、天赋、时运、环境等，这其中有多少可复制？有多少难再现？只需静心自问：借鉴成功者的经验，可否复制出同样成功的下一代？吸取失败者的教训，能否让企业免被竞争淘汰？

均值回归：潮起潮落

一般来说，极端成功或特别霉运的出现，通常都是众多因素共同作用的历史偶然，不太可能会持续出现。古人有“反者道之动”“祸福相依、否极泰来”“风水轮流转，明年到我家”之类的说法，这其中所反映的道理，也大都相同。

在这里，极端事件难重复，意味着一旦这样的事情发生，接着就可能出现往相反方向的回归，即出现更为接近平均水平的情况，这种现象称为均值回归。例如，一位超常发挥，取得破纪录好成绩的运动员，很难持续保持这样的势头。

再如，当员工业绩受众多偶然因素影响，极易出现随机波动，也就是长期看，存在着均值回归情况时，任何试图根据短期业绩表现，采取高额挂钩奖罚的做法，都会显得不太合适，因为此时无论奖或罚，都无助于消除业绩的原有内在波动性。

均值回归，现实中随处可见。例如，基金经理的业绩，通常会呈随机波动，要想保持长期持续的超常回报，很不容易。极端成功的创富，受众多不可控因素的影响，天赋、毅力、环境、机遇等不可复制，通常难逃“富不过三代”的魔咒。

研究表明，达到人生辉煌顶峰者，如被评为明星企业家、经营大师或杰出政治家等，与同业中同类的其他人相比，其紧接的业绩通常更可能下滑，也就是很难经受得住长期考验。这意味着，仍然逃不出成败交替、均值回归规律的制约。

究其原因，除了客观上的机遇、能力等变化外，可能还存在心态与行为的无形蜕变。大名加身，易受媒体等追捧，人自然很难淡定，更易变得爱出风头，耽于追名逐利，到处应酬作秀。这样，无形中自然会疏于对主业的投入，而终至绩效下滑。

受制于人性缺陷，均值回归几乎存在于各行各业。现实中多见这样的情况，当一个运动员频繁出现在广告媒体上，一个学者开始到处走穴做报告，一个企业家不断在电视节目中指点江山，通常都可发现，其随后的表现就更易下滑。

如此看来，在市场经济中，试图通过高薪猎头，追逐各类明星人才，以此实现企业业绩的超常突破，更可能只是小概率事件。毕竟明星人才，此前若真的有异常绩效，就难免机缘巧合作用。如此一旦遇上，再想复制，通常非常困难。

从这个角度看，明星 CEO 的继任者，通常会面临更大的业绩下滑挑战，而糟糕 CEO 的接任者，反而更有可能迎来业绩的触底反弹。花大价钱请成名的职业经理人，可能不一定划算；独具慧眼，能够发现并延揽潜在的明星 CEO，则反而更划算。

历史偶然：不可重复

关于因果推理，还需说明，有时即使因果关系真实存在，也可能是多因单果，这就是说，结果为众多复杂因素共同作用所致。此时，若这些多因素难全知、确知，而人们又没看清这一点，仍希望归纳出因果关系，则最终所能找到的就只能是虚幻因果。

例如，任何个人或企业的成长，所经历的都是一次性的不可能推倒重来的过程。在这一过程中，通常都会面临许多决策点，需要不断地判断选择，向前努力，最终各自走出的，都是一条独特的或成功、或失败、或平淡的不可逆之路。

考虑到历史充满着偶然性，有无数的人在探路，有很多的市场竞争者，人们的时间、精力、资源均有限，如果就这样一路走过，最终“一将成名万骨枯”。当如此成名的企业家，给人讲述“有志者事竟成”的故事时，这故事到底是否真可信？

尽管历史存在大趋势，但每一步的走出，却是众多参与者分散决策、随机漫步、相互作用的结果。由此看来，即使历史可以重来，人们也很难再次走出与此前曾经走过的完全同样的路。这有点类似买彩票，总会有人中大奖，同一人很难多次中。

毕竟就许多具体的历史决策看，在一个个分岔点上，最终做出向何处走的选择，其中充满着不确定。有时甚至当事者都没有意识到是怎么回事，就这么跌跌撞撞地走过来了。社会作为整体，正是由于探索者众多，就总有人恰好走出一条成功之路。

许多企业的成功，个人财富的积累，大抵遵循着同样的逻辑。有时，一个企业的成功，就只是因为对手犯错了；一个企业的失败，则只是因为对手太强大了。这样看，有点悲观，却是市场实情。认清这一点，可头脑清醒，决策更理性。

第 4 章　情绪感觉

柏拉图说过，人的行为好比一辆马车，它由两匹马拉着，其中一匹代表理智，另一匹就是情感。现在，人们更倾向于认为，理智是一匹小马驹，情感则是一匹高头大马，一旦情感触发并失去控制，人类就可能因疯狂而完全丧失理智。

这意味着，决策一旦趋于情绪化，即时的感觉将接管大脑的思维，主导着人们的行动，从而使得理性、直觉都失去作用。此时，对上感觉，一切都好说；对不上感觉，一切免谈。情绪爆发，歪曲事实，自欺欺人，一意孤行，蛮不讲理，都可能发生。

一般地，情绪大致可分为两类：极端的即兴情绪，作为无意识的本能响应，直接作用于人的行为，不受理性思维支配；认知相关的情绪，通过有意识的理性唤起，先作用于态度，再影响到行为。实际决策，偏本能或偏理性，取决于情感反应的强烈程度。

一般情况下，情感与认知相互协调，共同指导着人们的决策行为。对于一些特别情境的情感反应，会偏离认知评估，并在无意识中使人们行为失常。例如，极度恐惧、紧张，会让人大脑停转；特别好玩、开心，会让人忘了潜在危险。

情感反应具有生理基础，会在下意识中产生。短期看，受各种情境因素的影响，人们易表现出情绪化行为，诸如出现群体非理性等。长期看，基于生存进化考虑，人们的行为必须回到受认知评估影响的理性轨道，否则就易被淘汰。

许多决策，一旦考虑了情感因素，对于事实真相的解释，可能就会发生变化。例如，在组织中，决定要不要做一件事情，如果不知道领导的偏好，贸然行动就易好心办坏事。若领导不愿授权，喜欢听汇报，下属无论做什么，仅因自作主张，就会惹其恼。

情感唤起，通常遵循的不是理性的逻辑。例如，由“爱屋及乌，恨事及人”可知，情感会产生关联影响，人们不喜欢听坏消息，无意中也会讨厌向其报告坏消息的人。而理性考虑，坏消息就如预警信息，有助于提醒组织提前做准备。

有人说，人生易犯两大错误：该用理性时，却用了情绪；该用感性时，却用了逻辑。规避这样的错误，难在“该”字怎么解？评判该不该，本身就带有主观性。依据事实真相做决策，若是情绪感觉不对劲，是修炼情感？还是曲解事实？

对于重要的决策，领导者自身行为的修炼，既需要矫正“陋习”，这就是防止无意识中因为“忍不住”，做了理性上认为不该做的事；也需要调整“懈怠”，这就是解决无意识中因为“太拖拉”，结果耽误了理性上认为该做的事。

现实中，该做的做了，不该做的没做，属于理想的决策状况，也正是决策者所希望的。克服人们有意或无意中存在的决策“陋习”与“懈怠”，首先需要洞见，能提前洞察或预见可能发生的情况，然后才有可能采取矫正或调整措施。

内心纠结

人之行为受理性影响，更受情感支配，一旦事关公平、面子等，就极易唤起情绪。无论贫富贵贱，情感冲动未搞定，就可能失控发飙：穷困者被逼急，一哭二闹三上吊，甚或舍命讨公道；权贵者若惹急，烧钱互撕为争气，甚或买凶入魔道。

收入分配公平性

对于人际公平的感觉，主要源自个人关于自我及他人“得”与“失”关系的一种评判，会因参照对象、归因态度的不同，可能产生羡慕、嫉妒、不满等细微差别，而当人们感受到自己的付出与回报不匹配时，其内心深处就会不由自主地泛起不平情绪。

古人语：“不患寡而患不均。”有句广告词说的是：“大家好才是真的好！”问题在于，对于公平性的评价，其本身带有主观性。有调查表明，现实中，除了少数心态特别好的人，会觉得自己获得的待遇过高，大多数人都觉得自己获得的待遇过低。

对于有机系统来说，成功有赖于众人的通力合作，而失败或因某个或某些环节出问题。这意味着，成功有回报可分配，但很难分解到人；失败有明确责任人，但失责者似乎担不起。如此看，成功、失败、苦劳、功劳，真想责权利对应，报酬挂钩，难！

收入分配公平，不仅涉及不同行业比较，如垄断与非垄断企业之间；还涉及组织内部人员之间的比较，如组织中能够影响与决定薪酬的“圈内人”，通常其收入水平，就相对高于被分配的“圈外人”。这后一种分配不公，更易被感知，也更易引发情绪。

即使是完全竞争的市场，也仅能解决企业外部的公平竞争、优胜劣汰、必须满足顾客需求、凭效率活下去的问题；却解决不了生存竞争、赢者通吃后，组织内部可能存在的收入分配悬殊，“圈内人”对“圈外人”的利益挤榨问题。

CEO 及高管薪酬

关于收入分配的公平性，最富争议的是 CEO 及高管的薪酬问题。现实中，CEO 及其高管薪酬的确定，受市场供求、职业风险、岗位责任、同业比较等众因素的影响，在我国还需考虑行业是垄断性还是竞争性，存在着跨企业的不可比性。

决定 CEO 薪酬的关键在于，需明确：确定薪酬的挂钩基准、比例结构、权重系数、加总公式等，应遵循哪些原则？特别是，如此确定的 CEO 薪酬水平，相对于管理团队、内部员工、同类企业等的水准，以及长短期分布怎样才更合理？

实际上，CEO 薪酬的确定，受机遇、行业、竞争、个性、团队、惯例、习俗等众多因素的影响，似乎并不存在统一的结论。另外，对于如何处理“长短期、上下游、跨职能”的分配关系，理论上及实践中，都尚无公认的解决方案。

从本质上看，收入分配的决定，是各方面力量博弈的结果。CEO 及其团队薪酬的确定，受市场供求各方力量对比的影响。正如欲望无限、贪得无厌，多源自高管的本能情感反应一样，收入分配问题也会引发普罗大众的本能情感反应。

无论政府或市场或企业，都是人在其中运行，一旦权力太过集中，缺少制约，人性使然，均易腐败！例如，美国许多大公司，盈利时高管收入畸高，危机时由政府出钱救助。政府管公平，市场管效率，听起来不错，难在如何具体操作。

相对强势的 CEO 及高管团队，只会找理由给自己加薪，很少会主动给自己限薪。一些西方国家政府曾强制要求信息透明，希望让公众监督限薪，结果事与愿违。透明，引竞相攀比，向更高薪推进；限薪，致股票期权等变相收入增长。限薪似乎永远在路上。

公平与可持续性

收入分配的过度不合理，不仅引发社会公平的情感反应，还会导致市场需求的扭曲，使得经济的长期运行不可持续。伴随经济不断发展，贫富悬殊加剧，一方面，富人想更富，投资机会变稀少；另一方面，穷人愁温饱，市场需求变不足。

举个简单的例子，假设整个经济产出 1100 万，共 11 人参与创造，结果的收入分配：1 人富，独得 1090 万，其余 10 人穷，各得 1 万。如此一来，即使富者有钱想投资，市场上穷者的购买力也难支撑，经济自然无法实现良性循环。

上例中，若按平均看，人均收入 100 万，最富者仅为平均的 10.9 倍，似乎分配很公平。若按收入的中值 1 万看，最富者为中值的 1090 倍，分配极不公。由此看，政府若真想对高薪者采取限薪措施，宜参照收入的中值而非均值，确定限薪的最高倍数。

人们原以为，自由市场，公平竞争，可导致社会公正。实际却发现，经济竞争天生不公平，受弱肉强食生存法则主导，会使社会发展远离公正。例如，在全球经济发展的今天，仍存在类似“朱门酒肉臭，路有冻死骨”现象，就是明证。

莫什•阿德勒在《我们的生活为何艰难：普通人的经济学》一书中指出，金钱的边际分析，取代了古典的人际道德；社会财富的分享与使用，反映的是购买能力面前的人人平等，而非幸福生活权利的人人平等，结果使社会公正失衡。

为此，该书认为，需要利用立法来制约市场强势方的巧取豪夺。比如，可以规定：任一公司中最高薪与最低薪比例的上限，提高最低工资标准，并将最低工资标准与工资中值挂钩，从而使得最低工资能够真正起到养活家人的作用。

面子与承诺升级

关于为人、处事与情感，网上有这样一种说法：“头等人，有本事，没脾气；二等人，有本事，有脾气；末等人，没本事，大脾气。”“做人有三碗面最难吃：人面、场面、情面。”在这里，脾气多因人际公平，三碗面则涉面子心理。

人在社会，生存、自尊等，无意中会讲面子。有面子，让人感觉良好；没面子，让人感觉不爽。基于决策情感的考量，许多原本看来完全不符合费用效益的项目，若顾及形象、气派、符号等面子因素的无形作用，似乎就易理解了。

无意识中，人们重视“面子”会甚于“内里”，毕竟面子容易看到，内里很难察觉。面子上花钱大方，内里上消费节俭，这方面的情况，在我国尤为突出。各类不惜血本的形象工程，各种夸耀性的名品消费，就是其中的典型例子。

对于面子得失，人们有着不对称的情感，乐做挣面子的决策，回避丢面子的选择。受此无形影响，事情总是“进入容易退出难”。因为进入往往代表着成功，有面子，很容易下决心；而退出则意味着挫败，丢面子，总让人心有不甘。

就项目而言，一旦亲自决策，投入时间、金钱、努力，则无论后续进展顺逆，前景好坏是否有变，无意间都会更倾向追加投入，即存在着所谓的“承诺升级”现象。在工作，甚至生活习性方面，人们似乎也有点“沾上容易去除难”！

在原有基础上加码推进的“承诺升级”倾向，看起来似乎与赌徒的心态无异，一旦项目前景不好，需要及时抽身时，可能会让人无意中深陷其中。此类情形，随处可见，各类组织机构、名胜景点，甚至个人家用器具，都是易增难减。

在企业决策中，自己所投项目，若过去亏损，会希望通过努力扳回；若过去盈利，会希望争取更大收益。如果做不到这一点，决策者可能会责怪具体实施者不力，而无视项目本身不行这一事实，觉得只需换人，就可换来项目成功。

走出承诺升级的怪圈，最好的做法或许是，对决策者本身进行轮换，以消除面子得失的情感影响。相对于项目的初始决策者来说，在决定退出时，接手者通常不会有丢失面子的顾虑，较少遭遇情感割舍困惑，更易突破此前的思维定式。

换人有助于消除承诺升级，做出有计划的放弃，但也会因无须对失败负责，无意中“崽卖爷田心不疼”。所以，决策的关键在于，遵循客观理性的决策流程，以减少情感的负面影响，弄清决定项目成败的影响因素，从而做到进退有度。

情感得失与拖延

面子得失的考量，无形中会影响企业的危机应对。例如，当企业的产品出现问题时，及时召回？还是能拖则拖？尽管从长期看，及时召回更有利于维护企业的品牌声誉；但从短期看，决定直接召回的代价，要比采取其他措施高得多。

迅速采取行动，马上召回问题产品，当下就需要付出成本，还会让人很失面子，这在无意识中是人们不愿面对的。因此，现实中，许多企业应对这样局面，总是倾向于能缓则缓，这就是尽量将损失与痛苦延迟，直到实在无法回避。

有问题，不积极应对，采取被动的缓与拖，并不能真正有效地解决问题，更有可能错过最佳时机，结果使问题变得更为严重，甚至引发不可挽回的后果。但人们还是多存侥幸心理，毕竟未来充满变数，时间缓与拖，有时可使激烈情绪淡化，真有效也未可知。

挑战与情感自控

人有天使与魔鬼两重性，其中难在情感自控，这是决策修炼的最大挑战所在。许多事，作为旁观者，冷静理性可以想得很清楚，而一旦成为当事者，无意中激情冲动，就根本淡定不了。难怪有人说，大道理人人都懂，小情绪却难自控。

人生就活在感觉中，若小情绪一直难自控，就可能累积出大爆发。由此看来，对于决策所涉及的情绪感觉，为使其能够发挥正常影响，必须在平常做事过程中，加强修炼，以达成即使面临紧急挑战，也能自如应对，而不致成为决策障碍。

从理性自控的角度看，应对情理冲突的挑战。首先，要识别出哪些是理性上认为不该做，实际上有意无意地做了的；哪些是理性上认为该做的，实际上有意无意地没做的。前者可称陋习难忍，后者可称懈怠拖拉。然后才是对策修炼。

陋习与懈怠的产生，多有情感因素的影响。例如，理性上认为不该做的事，会因内在本能冲动或受到外在诱惑，情感上忍不住，结果就做了；理性上认为该做的事，会因内在本能抗拒或受到外在干扰，情感上太拖拉，结果没有做。

为了规避冲动与诱惑，矫正情感上忍不住的陋习，可运用正面情绪的力量，减少对理性意志力的依赖。例如，理性表述的“不该做……”，若变成感性的“‘我很想’看看能否‘做到’绝不做不该做的……”或可化情理冲突为相互协同。

类似地，为了克服抗拒与干扰，调整情感上太拖拉的懈怠，可将理性的“要我做”转换成感性的“我要做”，也可实现理性与情感的协同。如此更多地运用情感本能，先改变态度，再改变行为，通过有意识地不断强化，从而逐渐养成新的习惯。

即时反应

前面讨论的人际公平、面子得失等，人们通过冷静反思，通常能够察觉决策中所受的情绪化影响。以下讨论的问题是，在情感、功利和道义要求发生冲突时，有时因受情感与功利考量的潜在影响，结果在无意识中忽视了道义的要求。

类似情况，一般称为“无意悖德”。此时，人们的实际决策表现，并不符合其有意识的理性判断。对于这样出现的悖德行为，通常并非人们刻意所为，因此需在了解其形成原因的基础上，适当采取切实有效的措施，以减少此类行为的产生。

情不自禁与口碑相传

情感，对于判断与选择行为的影响，常常出乎人们预料，在不知不觉中发生。例如，面对可能激发本能反应的各种诱惑，能够唤醒深层欲望的贪腐机会，起初有可能是在当事者“忍不住”时，根本未经理性思考，无意中自然发生的。

年轻人找对象，尽管会有理性思考的要求，但是有时一旦对上眼，可能就会因为“太喜欢”，自然就觉得很有缘分，甚而完全被激情所主导，不顾一切地投入其中，感受着与恋人的幸福相处，无意中忘掉了原先设想的各种理性要求。

许多情况下，人们做事并无刻意目标。有时就因为人生过程总得做点什么，随着事情出现，情不自禁，就自然做出回应。例如，收到邮件就急着回，有电话响就马上接，有报纸到就忙着读，如此就在无意中逐渐适应了这样的工作与生活！

营销中，利用同学、朋友、亲戚关系，进行产品推荐，若让推荐者明确宣称，自己的推荐行为能够得到产品厂家的好处，与不告知与厂家有利益关联相比，估计怎么做，推荐效果会更好？也即听了推荐后，会有更多的人真的购买产品。

根据理性判断，似乎知道有利益关联时，人们更有理由怀疑，推荐者可能会出于私心而夸大产品优点，从而需要对推荐保持警觉。所以，此时的推荐效果可能会差些。但若考虑情感的无意识影响，此时可能反而会有更多的人，听从推荐而购买产品。

为什么会出现这样结果呢？这似乎与理性相悖。不妨设想一下，你正准备购车，好友甲向你推荐一款车，并声称你若真的买，可以得到优惠，他也有好处；而好友乙也向你推荐一款车，只说你若买，可享优惠，并未说他也可得到好处。

比较以上两种情况，当其他影响你购车的情况几无差别时，特别是在处于可买可不买的临界状态时，若你真的决定买车，更可能选择哪位朋友推荐的车？甲，还是乙？理性的做法应该是什么？感性的行动又会是什么？这到底为什么？

从理性的角度看，人们买车，主要应考虑自身偏好与车的性能等，朋友给你推荐与否，只代表一家之言，应该不会太过关注。当朋友向你推荐车市信息时，其自身没好处可得，与其自身可得好处相比，按理说，应该对后一情形下的推荐更需存疑。

只是若考虑情感影响，不妨回忆一下类似情形，就可发现，人们的实际行为，更多地会违背以上理性推理。试想一下，人们对于朋友推荐，无意中会不会一律不怀疑？因而，更不会质疑其动机，既然反正要买车，若能顺便给朋友带来好处，或更好。

据说，作为口口相传营销的始创者，宝洁公司先曾雇用 22.5 万名青少年，让他们将伊卡璐等品牌告诉朋友。后来，觉得这一做法对成人也管用，宝洁公司签约了 50 万名志愿者（全都是母亲），让她们以口口相传的方式宣传产品。

对于宠物食品、纸巾、染发膏等产品，宝洁公司把宣传材料和优惠券交给她们，她们愿说什么就说什么，也可什么都不说。这些普通的市民推销员，为什么会愿意为某些产品无偿当“托”？主要因为这让其感受到了自身的社会价值。

想一想，能够从内部获得产品信息，能够受到大公司的重视，能够帮助朋友享受产品优惠，这种感觉是不是很美妙？会不会成为强大的动力，让人积极主动地成为公司产品的推销员？自发的情感力量，再加点小恩小惠，如此综合效果或更好。

物理感觉与人际互动

实验表明，物理感觉与社会感觉一样，会在无意中影响人们的决策态度与行为，这种感觉甚至会延续、波及与此没有直接关联的人或事。例如，与接触过冰冷物体的人相比，接触过温热物体的人，倾向于更“温情”地看待人际关系。

物体的分量轻重、质感柔糙、软硬程度等触觉，也会像温度一样，在不知不觉中作用于人们的第一印象，并通过直觉隐喻，关联到靠谱、放心、安全等判断，进而影响到人们对于其他与这些触觉并不直接相关的人、事、物的看法与态度。

从物理感觉，到印象隐喻，再到判断与选择，是大脑长期进化的产物。注意弄清触觉等在不经意间所起的作用，可以指导物理环境的适当安排，在无形中影响或改变人们的判断与选择，更有助于引导人际互动，朝着预期的方向发展。

例如，一个重要的商务谈判，若安排在舒适宜人的环境，这样，无意中人们就会有安全放松的第一感觉，从而减少了紧张防范情绪，自然会更多些坦诚相见的姿态，易表现出更多的相互谦让行为，结果就更易达成双方合作的协议。

反之，面对让人紧张不安的陌生环境，坐在一张让人很不舒服的硬木椅中，无意中会不会唤起本能的抗拒情感？若这种不安抗拒的情感，不经意间迁移到双方互动之中，言语姿态等稍有不当，就易引发冲突对立，谈判后果自然堪忧。

再比如，找工作投简历，一份正式装订的简历，与一份随意散乱的简历相比，考虑到人的第一印象，是否会在无意中觉得，前一份简历的当事者也更靠谱些？在医生、律师、顾问、警察等职业中，正式端庄的着装，会否让人感觉更可信任些？

自利倾向与情何以堪

对于情绪感觉的作用，运用理性逻辑，通常无法解释。许多时候，事不关己，似乎人人都能做到旁观者清。这里的清，不仅是看清，还包括清明、清廉、清白。但是一旦关乎切身利益，无意中就会表现出自利倾向，尽管理性上当事者对此或许会否认。

例如，国内外大公司的高管，无论其现有薪酬有多高，都会倾向于拿更高。理由总是可以找出来的：业绩好，多有贡献，论功行赏该拿高薪；业绩差，辛勤苦劳，竞争留人，也需高薪。不管什么情况，反正就一条：“加薪有理”。

本杰明·富兰克林对此有深刻的认识，他不无嘲讽地指出，“做一个‘有理性的生物’是这样的方便，他自己想干什么事总会找出或制造理由去干的。”情感对于决策的影响，情不自禁时的表现，所遵循的路数就如此，只要对上感觉，行事就总“有理”！

自利而妄为，若不能自察，甚至自诩高尚，在旁观者看来，就是利令智昏。认清自我人性的这一弱点，有一条教训必须认真汲取：面对感性的诱惑，理性常常不堪一击，根本经不起考验，此时千万不要相信个人的觉悟，真正的觉悟就是不相信自己有觉悟。

对于自利倾向，当事者一般较难自我觉知，有时旁观者也不太会知晓，尤其是对于那些比较隐晦、绕了很多弯的关联利益输送，现实中就更难识别。有时纵使被旁观者指出，当事人还是不太愿意承认，觉得自己的觉悟不至于如此低下。

例如，美国最高法院大法官安东尼·斯卡利亚，在审理副总统切尼案时，承认自己与切尼有私交，但否决了要求他回避此案审理的动议。他声称，如果自己作为“最高法院的大法官可以轻易被人收买，那么我们的国家恐怕无可救药了”。

俗话说："屁股指挥脑袋"，这反映了人在承担社会角色时，其无意识中的言行，有着维护其角色群体利益的倾向。例如，有些人嘴上说着反腐倡廉，理智上也很想坦荡做人，就是无意中挡不住利益的诱惑，一旦权力上手就陷腐败泥淖。

例如，有位大型国有房地产企业的常务副总，一方面，屈服于各种人情关系，担心个人位子因此不保；另一方面，提醒自己保持良心，试图以理智战胜欲望。后因受贿被捕，面对检察官，他含泪沉默了好一会，说："我就是觉得冤。"

检察官问："为什么？"他回答："我没有干损害国家和企业利益的事。"检察官说："跟人家要了好几百万，还说没做坏事？"他居然回答："钱虽然拿了，但真的没有损害国家和企业，所有的关照都在原则允许的范围之内。"

再如，一位曾撰写、主编过多种儒学著作，以研究新儒学闻名的研究员，法律意识淡薄，为了报答有恩于己的贫苦亲邻，利用访问美国的机会，通过伪造结婚证，以虚假的妻子身份，先后将六人带到美国打工，终因触犯法律获罪。

这不禁让人反思，所谓的纯粹国学研讨、教化，离开适当的制度环境，能否起到约束或改变人们行为之作用？企业文化建设也类似，若无相应配套的管理制度，离开了内部具体环境的支撑，可能会流于形式，言行脱节，甚至相互矛盾！

许多悖德行为，起初多发生在不经意间，很难自我知觉与抗拒。

例如，位高权重会带来机会，诱发出欲望。居高位，少制约，听力变差，口才变好，更自以为是，自然也更可能让人在无意中堕落。须警惕，看似高尚的道德感，很容易被世俗权力消磨侵蚀。

独立监督与无意悖德

以上这种情感对决策的影响，人们的理性一般很难察觉。例如，天下没有免费的午餐，“世上没有无缘无故的爱，也没有无缘无故的恨”“吃人家的嘴短，拿人家的手软”，这些所揭示的，都是人们情不自禁时，会有的言行表现。

在类似审计部门与上市公司，合规稽查与业务运营，反贪机构与监察对象这样的一对对关系中，如果双方存在长期联系，变成了熟识，即使各方理性时德行都靠谱，不会故意搞违规动作，但仍会在无意的情不自禁中出现悖德行为。

社会上多见的各类骗子，也正是利用以上的心理特点。一旦遇同学、同乡、同窗、甚至同姓等，只要拉得上关系，套得上近乎，再加一点小恩小惠，人们在无意中就会产生绝对可信的感觉，结果完全放松了理性警惕，直至上当受骗。

考虑到情不自禁与自利倾向的共同影响，对于上市公司的独立董事，其无意识的行为，肯定会有“独立不懂事，懂事不独立”的倾向。毕竟，独董要起作用，必须花时间，若无报酬，谁甘愿投入；

而若投入，有了情感，又怎能独立。

公司内部考核中，考虑到自利倾向的作用，若业绩过度挂钩，无意中就有可能诱导出更多的不合规行为；若缺乏利益驱动，想让人们主动投入，似乎又不太可能。难怪现实经济，总是反复经受快速成长，泡沫膨胀，危机衰退，在其中不断轮回。

自利倾向，不仅表现在个人上，也反映在人们代表各自部门说话的过程中。例如，在银行管理中，对业务部门考核贷款发放总额，对审计部门考核不良贷款余额，这样，双方基于各自业绩目标的考量，自然很容易在是否发放贷款的看法上产生矛盾冲突。

对于关乎多方切身利益的决策，若无硬性规定必须要有各方代表的参与，那么那些未能知觉或参与决策的，其利益在无意中就易被忽视，受侵占，甚至被瓜分。毕竟事不关己，高高挂起，参与决策的各方代表不全，易导致对他人利益的缺席裁定！

考虑情感、功利、道义、本能的影响，现实多见这样的情况：一方面，出头为穷人说话的人很多，公开替富人说话的人较少，似乎社会充满道义感；另一方面，为富人办事的人很多，为穷人做事的人很少，似乎人们追求的是功利实惠。

实际上，人类的行为，在无意中更多地表现为，为道义说话，替功利办事，随情感而变！说的是道义，理直气壮；行的是功利，好处占尽；变的是随性，洒脱自在。作为组织，约束情感，引导功利，提倡正义，以使行动契合长期理性。

当下欲求与长期理性

人在社会，理性上总希望能有更积极、正面、阳光的品行，只是受各种本能欲望、情感动机的作用，实际表现并不那么尽如人意。例如，受困于情与理之冲突，矛盾于“想要”与“该要”之取舍，煎熬于当下欲望与长期追求之背离。

例如，某电视节目主持人，工作特别忙，生活无规律，有时懒得弄，常把吃饭的事误了、忘了、省了，结果患上了胃病。谈及此，她坦言：“要想胃舒服，关键要做到，按时进餐，不能太饱，也别饿着。道理都懂，就是做不到。”

感性上的想要，通常受当下欲望、动机、习性主导；理性上的该要，多基于长期的冷静思考。当想要与该要出现矛盾时，最后胜出的多是感性。讨论一般原则时，人们更多地基于冷静理性，采取实际行动时，则更易被个人情感主导。

想要，更多反映的是即时欲望，甚至就只是当下行动的渴望。许多情况下，想要的达成，并不代表内心的满足，甚至不反映理性上的真正需要。类似节食一段时间后，想用大餐犒劳一下自己，就是这样的当下欲求，而非理性需要。

由当下想要所引发的情感欲求，若持续存在，未能有效化解，可能就会让人感觉浑身不爽。此时，若能冷静反思一下，满足了这种即时欲求，是否就能让人体会到真正的舒爽，或能让人想明白，真正满足以后，可能带来的只是追悔。

这种对于“想要”完成后感觉的预估，涉及决策中的情感预测。许多时候，人们急切地想做某事，以为做成此事，就能带来美好的感受。考虑到人有适应性，这样的情感预测，尤其是对极度成败的情感影响评判，通常都会有所夸大。

化解矛盾自我，需以长期“该要”为基准，调整短期“想要”之行为，从而使得短期欲求符合长期理性。这种修炼，就如戒烟、减肥、健身等，涉及情感甚至本能，关乎行为习性调整，需要毅力与恒心，往往心想容易，真正做到有点难。

自由与贪腐，何者更重要？似乎谁心中都清楚，但面对名、利、权的诱惑，现实中败下阵来的人，并不少见。冷静想，对于许多贪腐者来说，其所拥有的财富早已远超实际需要，绝对可以确保无忧体面生活，只是感性本能，仍然欲壑难平。

蝎子为啥“忍不住”

矛盾自我的存在表明，理解人性，认清自我，非常重要。世间万物无时不在变化之中，只有人性本质仍然不变。故事说，有只蝎子想过河，找青蛙帮忙。青蛙担心蝎子会蜇它，蝎子说：“这不符合逻辑，我要是蜇你，你没命了，我也得淹死。”

青蛙被说服了，同意背蝎子过河，但不曾想，刚游到河中央时，背上还是被蜇了一下。青蛙在疼痛中慢慢失去意识，背着蝎子一起往下沉，青蛙问：“逻辑呢？逻辑！？”蝎子说：“我忍不住了！”实际上，本性难移，这才是真正的逻辑！

对于人性，赵本山等人的小品《心病》，有非常深刻形象的揭示。小品中的“心理医生”，在涉及严重的感情、巨额的金钱等问题时，作为旁观者，能冷静理性剖析原因，而当事情真的牵涉到他自己时，马上也是方寸大乱、无法自已。

制度约束

情感、本能、理性，这三者有着不同的逻辑。当这三者发生冲突时，如果没有外在约束，仅凭当事者自我控制，大多数情况下，情感会葬送理性，本能将主宰逻辑。因为，理性可能打盹，本能无时不在，情感具有发自内心的动力。

在关乎生命、感情、金钱等问题上，人类理性很难战胜即兴本能。汶川地震时，有位男士因为恐惧而顾自逃命，一下楼才意识到妻子还在家，马上回家接应。事后，他妻子没能谅解这种应急的无意识本能反应，认为他太自私，还以此为由提出了离婚。

当有人声称自己觉悟高，可以经得起诱惑时，最好不要相信，或许实际上只是诱惑还不够。因为，本能无时不在，很难自察，会在不经意间击败理性。战胜本能诱惑，不能抱侥幸心理，要靠外部制约，借助制度流程，还需长期努力。

不要和诱惑较劲

据说，某公司拟高薪聘用一名小车司机，最后只剩三位候选人，主考官问："悬崖边有块金子，若开车去拿，距悬崖多近才好？"第一位答："二米。"第二位说："半米。"第三位说："离悬崖愈远愈好。"结果第三位被录取。

面对不可承受的风险，不要和诱惑较劲，选择尽量远离才最好。一般地，在多属性决策中，有些属性稍有不足，无关大局，而另有些属性则存在底线要求，一旦逾越，就将产生严重后果，如企业破产等，对此就绝对不能心存侥幸。

例如，最多能承受 5 亿损失的企业，若有投资项目，50%的可能获利 4 亿，45%的可能获利 2 亿，5%的可能亏损 6 亿。尽管项目的期望获利为 2.6 亿，似乎可投资，但注意到有 5%的可能会致企业破产，这属于不可承受，作为经营稳健考虑，仍不该投资。

不相信自己的雅量

不要和诱惑较劲，对于每个人，尤其是身处高位的人来说，需要有特别清醒的自我认识。据说，有一次武则天私下问狄仁杰，你在外地当官时，有人经常到我这里打你的小报告，想知道是谁吗？狄仁杰听后，赶紧表示自己不想听。

武则天有点诧异，觉得狄仁杰不相信自己所说的。狄仁杰解释说，不是我不相信您所说的，而是我不相信我自己的雅量。的确，有人在背后说坏话，自己不知道时，可以当大家都是好朋友，而一旦知道了，再要做到这一点就难了。

人是无法管住无意识的。身处领导岗位，知道有人曾打过你的小报告，尽管有意识中，可以看成这是对事不对人，表现出不计较，但是无意识中呢，还能做到心无芥蒂吗？由此看来，只有不相信自己有雅量，才可做到真正有雅量。

担心自己忍不住

与以上狄仁杰的自知之明相似，据说，清道光年间进士、刑部主事冯志沂，任京官时，很喜欢碑版字画，但在赴外任时，绝口不谈自己的爱好。一次，有下属把宋拓碑帖放在名贵木盒中，用古锦包裹着送给他，他看都不看马上命人退回。

有人劝他，打开看看后再退回，这样也无妨。他回答说："这种著名珍宝奇物，不打开看过，还可想象它是赝品，若打开看到真正的精品，我又怎么能忍住不收？收下就被人利用了。不见可欲，其心不乱，所以，还不如不见为妙！"

许多情况下，追名逐利，权迷心窍，为情所困，都是在不经意间发生的，等到人们清醒地意识到问题时，往往已经大错铸成、不可追悔了。因此，处高位者，不展露自己所好，可免诱惑出现；不看可唤起欲望之物，可免被贪欲左右。

禅者、渔夫与蝎子

故事说，有位禅者在湖边打坐，听到声响，见一只蝎子正在水中挣扎，就伸手捞起它，但被蝎子蜇了一下。坐在他旁边的渔夫叹声说："何必呢？"过了一会儿，禅者又听到声响，蝎子再次掉入水里，他又捞起它，手再被蜇了下。

渔夫见了，再次叹声说："何必呢？"禅者答："蝎子蜇人是它的本性，慈悲救它是我的本性。我的本性不会因为它的本性而改变。"后来，蝎子又掉进水里了，渔夫递给禅者一根树枝，禅者用树枝捞起蝎子，这回他的手没被蜇到。

蝎子如本能，树枝如制度。本能很难变，制度却可调。如何运用制度方法，管住人性情感？有勇还要有谋，好心还需好招。正如反腐制度设计所考虑的，觉悟让人不愿贪，法律让人不敢贪，制度建设的最终目的，是要让人不能贪，也就是根本贪不成。

制度以他律为基础

防微杜渐，小处着手，远离诱惑，才可真正做到抗诱惑。相对于个人道德自律，建立在外部他律基础上的制度约束，是更有效的社会治理方式。例如，反贪引入网络举报，采取上级下派巡查，立案不看案值，采用“零容忍”标准。

考虑到个人的自我理性，有时战胜不了即时的情感反应。组织制度设计的关键在于，隔离或限制个人可能受到的各种诱惑，强化外部的监督和制衡。例如，外部曝光和民众举报等。如此制度设计，坚持下去，深入人心，形成常态，方可见效。

制度，要以他律为基础，需采取切实措施，防止诱惑出现。例如，给蝎子上口罩或笼套，给助人者提供必要的“树枝”。这正如古人所说：“法者，国家所以布大信于天下，言者，当时喜怒之所发耳”“制怒者当涵养于未怒之先”。

不生气的秘诀

考虑到制度是人建立的，制度设计者也可能受情感影响，甚至受认知水平所限，任何制度都不可能绝对完美，因而必须经过时间迭代，以不断修订完善。考虑到这一点，通过长期习性修炼，不断完善自我，提升决策洞见，仍有必要。

据说，有位藏人，年轻时，和别人吵架，争执，生气，心灵失衡了，便跑回家，绕着自己的房子和土地跑三圈。随着年纪变大，也仍然坚持这么做。一次，小孙子不解地问：“爷爷，您生气就绕着房子和土地跑，这是为什么呀？”

他回答说，“年轻时，我边跑边想，自己的房子这么小，土地这么少，哪有时间和精力去和别人生气呢！老来时，我边跑边想，自己的房子这么大，土地这么多，又何必和别人去计较呢？”如此不断自我疏导，既锻炼又消气，似乎非常美妙！

第三篇

决策情境——选择

第 5 章　受限决断
第 6 章　社会互动

本篇决策情境——选择，讨论受限决断与社会互动，剖析面对压力环境、情况不明、错综乱局、看法不同、多方博弈、业态共生等情况，人们在做出选择过程中的行为倾向，探讨“无常”“难预料”情形的应对之策。

具体地，第 5 章受限决断，探讨受制于压力环境、情况不明、错综乱局等，决策者面临的及时决断挑战。例如，时间紧迫不容细思，群体压力难以自决，模糊不清看不明白，头绪杂乱无法理顺，该如何兼顾决策质量与速度？

第 6 章社会互动，探讨人际相互作用引发的不确定，试图弄清——人际之间看法不同怎么形成？利益冲突多方博弈，潜藏哪些陷阱？由此引发反身互动不确定，社群或区域业态共生，有哪些特点？对于决策本质影响是什么？

第 5 章　受限决断

决策思考不能代替实际行动，只有行动才能创造未来。无论决策者是否愿意，条件是否完备，到了一定时刻，就总需决断——做出选择或被选择。例如，在三种最为一般的隐含方案中做出选择：放弃或退出，继续或维持，追加即进一步加码投入。

对于决断时刻的形成，受什么因素的触发，有两种比较形象的比喻：一是认为，决策客观上就像不定期清理垃圾桶，一旦发现装满了，自然会想起要去倒掉；二是认为，决策主观上就好似人去洗手间，当感觉到肚子有点憋得难受，就肯定会去排空的。

考虑到注意力稀缺，领导者手边又总有做不完的事，不太会没事找事地自寻烦恼，主动地去发起什么计划。一般都是迫于内外环境，当问题累积到一定程度，事态演化到紧急关头，才在形势推动下，人们自然地达成共识，觉得需要立即采取点什么行动。

压力环境

受限决断，迫于形势，行动急切，古人云："缓事宜急干，敏则有功；急事宜缓办，忙则多错。"问题在于，有时机会稍纵即逝，需要果敢决断；又有时欲速则不达，需要慎思明辨。事情急缓轻重，其本身又如何评判？怎么决断？

有时身不由己，需当机立断；有时缓急由己，可相机行动。认清人生本质是过程，在未来看不清时，放弃万事可控的幻想，若能坚守不败之底线，以体验学习探索的心态，对待当下的纠结决策，或许一切皆可放下，随缘处处可结缘。

有时情况不明，可能仅仅因为决策者个人的知识经验储备不足，此时可以寻找了解情况的人做参谋，特别是在涉及专业的事实真相时，听从专家或权威的建议，通常要比自己捉摸更靠谱些。当然，最后的决断仍需决策者亲自担责拍板。

有时到了某一时点，必须做出抉择。例如，2014 年 10 月 19 日北京马拉松跑，共有来自 55 个国家和地区的 3 万名选手参加，其中 46%选手来自非北京地区。当天北京的 $PM_{2.5}$ 超 300，属空气重度污染。取消，改期，还是照常？真让人纠结。

最后组委会的决定是，比赛照常进行，这看起来似乎有点以健身之名，行有碍健身之实。这里决策的难题在于，直接取消比赛，会让众多参赛者此前的行程准备泡汤，而改期到哪天，涉及气象条件的事先预判与规划，以当时科技发展水平，似乎还做不到。

以上例子表明，即使不考虑机不可失、时不再来的因素，许多决策也还是受制于特定环境，不是那么可由决策者随意抉择的。例如，有时时间刻不容缓，决策者不可能有时间认真思考；还有时面对各种压力，决策者无法从容决断。

限时抢答易出错

市场竞争，有时比快，但所使的快招要见效，需以平常修炼为基础，不然快则多乱、多昏，想抓机会反入陷阱。一般来说，决策的质量会因太过强调速度而变差。为说明这一点，请快速阅读以下问卷，做限时 1 分钟的思考，然后给出你的答案。

问卷 5-1　项链

一位顾客在一家珠宝店买了一条售价 78 美元的项链，付给珠宝店老板一张 100 美元的纸币。因为手头没有零钱，珠宝店老板找邻铺，将刚收进的 100 美元纸币换成了零钞，回到店中，找给顾客 22 美元。

过了不久，邻铺发现刚兑换的那张 100 美元是假钞，珠宝店老板只好赔了邻铺 100 美元。如果那条项链的进价是 38 美元，请问珠宝店老板总共亏了多少钱？

对于以上问卷，根据笔者对 10 个在职 EMBA 或总裁班的测试，选择亏了 0～50、51～75、76～100、101～150、151～200 以及其他答案的人数比例，分别为 2.0%、18.4%、12.6%、19.7%、45.5%、1.8%。显然，问题看似很简单，却仍有超过半数的人答错。

考察珠宝店老板的实际损失，就是一根项链加上 22 美元的零钞找头。由于对一根项链的估值，可能存在两种不同的理解，一是按进价 38 计算，二是按售价 78 计算。由此可见，对珠宝店老板亏了多少钱的回答，要么 60，要么 100。

那么，尽管答题者素质不低，为什么会有一大半的人选择 101～150 或 151～200 呢？实际上，可能这是被找邻铺换零钱的事给绕进去了，只注意到因假币赔给邻铺的 100，而忘了用假币从邻铺换到的 100 零钞，无形中就重复多算了 100 美元的损失。

问卷 5-2　卖鞋

王小姐卖鞋，一双鞋的进价 90 元，甩卖 60 元。一位顾客买了一双鞋，付给王小姐一张 100 元的纸币。王小姐没零钱，拿着顾客给的 100 元，找邻铺换了 100 元零钞，回到店中，找给顾客 40 元。事后，邻铺发现王小姐此前给的 100 元是假钞，王小姐只好赔了邻铺 100 元。请问王小姐一共亏了多少钱？

类似地，考虑问卷 5-2 卖鞋的例子，若按进价 90 算，王小姐亏了 130；若按售价 60 算，王小姐亏了 100。由此可见，若只考虑售价，似乎问题很简单，总共损失就是错收的一张假币；若考虑进价的干扰，问题就会人为变复杂。

对于问卷 5-1、问卷 5-2，关键在于计算损失所选择的参照标准是什么，到底是按进价？还是按售价？其实还有一个更简单计算方法，就是与正常的没有收到假币的情况相比，考虑店家在总收入上少了多少钱，显见就只是一张假币的钱。

对于类似以上的问题，还有许多人在微信群中做测试，并且没有限定回答问题的时间，但还是很少有人答对。显然，对于如此简单的例子，快速反应都可能误判，那么对于涉及更多复杂因素的现实决策事项，就更有可能会在无意中出错。

在公司内部，遭遇需决断的重大事项，通常都会有争论。决断越快，人们心中存在的争议，就越不可能消除，也就是大家越难达成共识。此时，若仅仅是凭借领导的个人权威拍板，则在措施落实中，可能会因人们内心没想通而产生抵触情绪。

这意味着，即使快速决策，也需让异议充分表达，才可获得决策所需参考信息，也只有在了解情况的基础上，方能做出适当的决策。在群体决策时，如何引入反面意见，非常重要。例如，可指定专人或专门团队，负责质疑，运用逆向思维方法提出异议。

快速反应的保障

许多情况下，时间紧迫，需做快速反应，如何做到快而仍保证决策质量，而不致出现盲目失误？这需要有决策思维与技巧的修炼。例如，弄清决策前提与依据，特别注意其中哪些涉及事实真相，哪些属于情绪感觉，以防决策任意率性。

具体地，可以遵循以下程序：先找数据规律，再看主观排序。例如，不仅关注正向的数据，还要搜集负向的数据，以对问题有全面了解。仅当数据不完备，无法给出明确结论时，才听从自己的内心召唤，参考个人的主观感觉做决策。

拍脑袋做决策，看起来有点随意，似乎可以任性些。但实际上并非如此，这其中还是存在着底线思维的制约，这就是需考虑决策所能承受的最大风险。此时，不是考虑成功了有多欢喜，而是要逆向思维，考虑万一失败了能否扛得起。

根据企业自身的实力情况，决定可能冒险的程度。有多大的能耐，冒多大的风险。如果决策出现最坏的后果，是自己不愿承受或根本承受不了，则无论成功的诱惑有多大，这种事就绝对不能干。这种思路，在激情昂扬时也不能忘。

有时面对特别诱人的项目，例如，同业竞相追逐的新兴机会，因为内心很想参与，情感上就会觉得，做企业自然需冒险，怕输就不可能赢，放弃这种项目会太可惜。只是决策的关键不在于想不想赢或怕不怕输，而在于是否输得起。

不要以主观欲求，代替残酷的现实；以个人情绪，代替客观能力。结果在激情冲动中，忘掉了冷静理性。例如，对于由客观规律决定能否做成的事，罔顾现实存在的事实，采取由领导者拍板或投票表决的方式，凭主观臆断做决策，就容易惹上大事。

再如，存在同行激烈竞争，却置对手行为于不顾，在根本不了解企业自身相对于同行的实力情况，无法判定自身是否有可能在竞争中立足、站稳、发展时，就只是一厢情愿地按自己的设想，在仓促之中做出下一步如何行动的决断。

还有时太过依赖历史数据，试图通过数据分析，直接导出决策依据，而相对忽视数据本身是否处于变化之中，也就是数据发生的概率及前提条件，其本身是否会变化，盲目相信所谓决策模型等，孰不知影响模型有效性的参数本身在变化。

在模型结构及参数本身变化的情况下，贸然使用历史数据作为决策依据，就容易犯经验主义的错误。在情绪冲动中，可能就会听不进不同意见，甚至严重的会出现意气用事。突破思维定式，提升心胸境界，才可能解决这方面的问题。

行动时刻的挑战

不管人们有没有做好准备，决断时刻总会来临。若时间紧迫、不容细想，如何兼顾决策的质量与速度，消除相互之间的冲突？能否做出果断、快速、有效的决策以实现适时而动？在紧急决策中，如何才能急中生智而不是忙而失智？

从情感上看，抓住机会，马上行动，如果成功，可以名利双收；而推迟行动，可能马上失面子，需要担责任，甚至丢位置等。采取行动带有进取的象征意义，它表明了努力的姿态，而选择放弃当下的行动，需独立思考，在许多情况下，更需勇气与担当。

从事实上看，受注意力稀缺影响，人们知道自己注意到的信息，但很难发现自己疏忽的缺失信息。一般来说，危险来自人们不了解的地方。与知道自己不知道相比，不知道自己不知道更麻烦，因为风险通常隐藏在人们遗忘的问题里。

对于团队决策的现实挑战在于，事实或数据本身可能客观存在，只是不会自动出现在决策者面前，更不会自行说话，主动表明其中所反映的规律。事实可能就摆在那里，但是人们给出了多种不同的解释，此时决策者到底该相信谁？

如何发现事实真相，在各种矛盾看法中做出判断与选择？例如，利用所掌握的事实，对事实数据进行解释时，人们的头脑是否足够冷静？能否听进异见？是否忽略了重要的信息？不清楚是否可以不理睬？不了解是否就等于没关系？

尽管人们有时会觉得，只要自己眼不见就心不烦，但对于重大决策而言，不知道≠不存在，不清楚≠没问题！有人觉得，一个理想的决策团队，其中应该有梦想者、现实者、批评者，梦想点燃激情，现实帮助落实，而批评完善方案。

贪婪恐惧的作用

从旁观者或者事后冷静的角度看，现实中的许多决策，均程度不同地存在着“人在江湖、身不由己”的无形压力，常常在有意无意间让决策者感受到内心的纠结。纠结的原因或许并不单一，但最根本的，可能还在于情感本能上的贪婪与恐惧。

一般地，贪婪源自渴求得到的即时欲望与情绪诱惑，恐惧源自因不确知、不可控而产生的对于损失的担惊受怕。在这里，决策所涉及的得与失，大致可分两类：一是，直接的物质与人身安全等；二是，间接的个人尊严与社会身份等。

许多时候出现决策失误，并不在于人们不专业、不自信，而在于做判断时，因贪婪之心误入歧途。因为急于求成，忘记了面临新情况，须小步前进，谨慎探索，甚至根本没有意识到，新项目不同于老项目，结果因受过往成功羁绊而致失败。

决策者个人渴求的存在，对于荣辱得失的关注，无形中就会伴生出贪婪与恐惧心理，很难做到真正的淡定与放下。显然，一旦人们很想获得某种利益或资源，担心损及个人地位与尊荣，就会在无形之中，扭曲对事态变化走势的判断。

例如，对安全、生存威胁的过度反应，对上帝、对死亡、对他人看法的种种顾虑，对面子、情面、场面的内心渴望，对可能出现的不良结局的担心后悔，这其中有些属于主观猜测，可以放下不听，有些属于客观存在，需要善加应对。

有些单位，既不提指标考核，也未搞绩效排名，只是作为内部信息交流，定期通报各部门的工作情况。但因大家都想争面子，不想落后于平均水平，这样，在无意中就形成了暗中攀比的不断向上动力，导致了不搞排名胜似排名的后果。

群体压力与跟风

组织中个体之间的相互作用，会形成无形的群体压力，从而制约了个人决策的独立性。研究表明，作为群体成员的个体，其想法或做法易走极端，从而做出比单独行动时更危险的举动。就如现实中不时见到的街头械斗、足球流氓等。

群体盲动的恶行一旦启动，其中的加害者由于责任分散，成为组织的抽象代表而非人格化，再加组织间的相互钳制和竞争，可能会不断升级迫害方式，导致暴行层层加码，使得受害者妥协、顺从、屈服，逐渐丧失抵抗和逃避恐怖的能力。

在人群中，情绪与行为都会通过暗示作用，相互感染与传递，让人丧失自己的理性思考、判断与行动力，在无意中盲目地追随权威、仿效他人。例如，媒体对于暴力、自杀之类事件的密集报道，就会在不经意间加剧事态的发展，引发社会恶果。

有人指出，商业与管理时尚的流行，也不乏群体压力的潜隐作用。经理人必须学会分辨，哪些理念会成为“经典”，可以反复使用；而哪些只是昙花一现，很快就会消失。例如，领导力从未真正过时，每隔几年总会花样翻新，改头换面再度流行。

实际上，任何决策行为，都必须结合企业自身的发展情况，而不应盲目地参照别人如何行事。企业决策者需要随时了解业界动态，关注顾客需求变化，采取与时俱进的做法，以努力做到“不为时尚所惑，不为积习所蔽，不为浮名所累”。

现实决策中，跟风与独立，到底孰优孰劣，有点说不清。例如，当大多数人都采取某种做法时，不随大流者，万一做砸了，若被问责为什么，往往就很难说得清。反之，若随大流，则在失败时可从容回答，毕竟大家都是这么做的嘛。

情况不明

不确定与干中学

除了压力环境，受限决断还需应对情况不明的挑战。在这里，情况不明，可能意味着不可预见，使决策者面临无法把控的不确定。不确定，通常不同于风险。风险一般是指概率分布已知情况下的后果随机性，而不确定则指本质上的难以预料。

市场不怕风险而怕不确定，风险尚有可能采取措施化解，而不确定则根本不可能消除。如战争、恐慌、市场崩溃、经济萧条、经济波动、价格战、无视两败俱伤和浪费的竞争等，会以非预期的方式，严重影响决策所涉及的过程与后果的成败。

对于现实存在的不确定，在决策时试图找到最佳方案，一劳永逸地解决所有可能伴随着出现的问题，是不切实际的。基于时间过程考虑，任何决策都是阶段性的，与心中理想比，永远不够好，而与此前状况比，或许已有很大的改善。

古人云："未定之事少言，难言之秘勿测""未明之势，不可臆也"。面对不确定，前景看不清，只能采取走一步看一步的做法。例如，微改革，微进步，微创新，迭代改进，小步快跑。这种试错、学习、适应的方法，可当作常态来对待。

实际上，有时所面对的事态非常严重，即使情况不明，也不能等万事俱备、一切清楚后才行动。例如，“9·11”事件，当时的美国中情局局长，在 2001 年 9 月 16 日的内部备忘录中说：“我们没时间开会讨论如何解决问题，先解决它再说。”

在情况不明时，快速采取行动，解决出现的问题，并不意味着盲目决策。此时决策考量的重点在于，一方面，采取积极行动，打开可能的正向发展机会；另一方面，坚守底线，规避潜在的负向致命陷阱，确保“留得青山在，不怕没柴烧”。

模糊规避的启示

问卷 5-3　模糊规避

假设罐子里装有 90 个小球，其中 30 个为红色，剩下的 60 个为黑色或白色，但是黑、白两种色球个数的比例为未知。如果让你随机地从罐子里摸出一个球，对于以下情形，你会选择何种方案？

情形 1：

A. 摸到红球得 500 元，白球得 0 元，黑球得 0 元。

B. 摸到红球得 0 元，白球得 500 元，黑球得 0 元。

情形 2：

A. 摸到红球得 500 元，白球得 0 元，黑球得 500 元。

B. 摸到红球得 0 元，白球得 500 元，黑球得 500 元。

对于问卷 5-3，根据笔者对 1062 名在职 EMBA、MBA、总裁班学员的调查，结果表明：在情形 1 中，选 A 的人占 86.6%，选 B 的人占 13.4%；而在情形 2 中，选 A 的人占 20.1%，选 B 的人占 79.9%。

之所以出现这样的情况，其中的关键在于，黑、白两种球的总数已知，但比例未知。这样一来，情形 1 中的 B 方案和情形 2 中的 A 方案，结果都带有模糊不确定性，而人们的一般偏好倾向都是：喜欢相对确定的，规避模糊不确定。

现实中，涉及模糊规避的例子很多。例如，关于供货商的选择，就可能涉及供货及价格稳定性的考虑。供应商的产品、货期及价格的不确定，会给客户带来不便或造成损失；而选择更为稳定的供应商合作，则可规避由此而来的风险损失。

类似地，考虑到如何看待上帝，其中存在不确定，人们也倾向于模糊规避。早在 17 世纪，哲学家兼数学家布莱士·帕斯卡指出，过有信仰的生活是值得的。他运用类似表 5-1 的逻辑说明，若不能确认有无上帝，选择信其有要比信其无，更稳妥些。

借鉴帕斯卡赌博的思路，应对模糊不确定性，关键是看一种做法可能产生的极端后果是什么，例如，最坏或最好，会到什么程度。只要最坏后果不可承受，就绝对不能做；若最坏后果可承受，并有可能带来意外惊喜，则就可以做。

表 5-1　帕斯卡赌博

状态 对策	有上帝	无上帝
信	进天堂＋∞	稍不便－10
不信	下地狱－∞	正常生活 0

如何应对不确定

对于模糊不确定性，不应只听从本能呼唤，采取消极的规避做法，而需采取积极主动的态度，去妥善地应对它。这一点，可以借鉴人类长期积累的实践经验，这其中的许多做法，乍一看似乎并不科学，实际上却是理性智慧的真正体现。

例如，古人在决定出门狩猎的前行方向时，采取更具随机性的占卜法，就可消除凭借经验或权威决策，可能出现的路径依赖，从而规避人为选择可能导致的，对某一区域或方向的潜在猎物的过度捕杀，因而自然也有利于生态平衡与捕猎效果优化。

一般地，面对不同的情境，需有不同的做法。显然，若出海打鱼，严格计划，非捕至某种鱼不可，就易空手而归；若在水池养鱼，毫无规划，恐“年年无鱼”。就如人们常说的：“农民种啥得啥，牧民养啥得啥，渔民遇啥捕啥，猎人见啥打啥。”

面对极端动荡变乱的环境，有时根本不能做规划，即使做了规划也没用，毕竟规划没有变化快。此时，若真的看不清未来，通常就可采取这样的策略，这就是在可承受的范围内，相对多投资一些项目，以多手准备应对不确定的未来。

未来情况不明，可专注顾客需求，关注价值创造，以不变应万变。例如，加强自律，面对诱惑不冒进，遭遇逆境不放弃；迭代学习，小步前进，持之以恒，不断改进；坚守底线，脚踏实地，步步为营，注重实效，以求持续盈利与发展。

应对不确定变化，需要有多人参与的试错探索，而不能依赖于单一领导者的“朝纲独断”。决策者具有的过往经验，在顺应环境变化时，反而有可能成为累赘。因为，经验只代表过去，老马识途可能只认旧路，而无法从头开始创新。

顺顾客需求而为

创新，最好能够顺顾客需求而为。对于强势企业来说，尽管有可能通过采取各种手段，引导并改变顾客的消费习惯，但是更轻松高效的做法，或许是顺顾客需求之势而为。例如，在引导客户向移动端转移时，不要忘了兼顾有的客户可能更习惯电脑端。

许多国内电商、银行等，为了吸引手机端客户，刻意推出各种优惠措施，鼓励顾客从电脑端向手机端转移。这种做法，实际上并非顺势而为，有点强人所难，利诱人改变习惯。若平等看待手机端与电脑端，也许让顾客自行选择更好。

应对市场看不清，不要一厢情愿地主观推测顾客的需求是什么，不要试图“毕其功于一役”地设计生产出完美的产品，而可通过倾听顾客意见，吸引顾客参与产品设计，将产品推入市场，进行快速迭代试错改进，以更好地满足顾客需求。

错综乱局

当前全球化背景下的社会经济环境，有人以“动荡”“无常”“复杂”“模糊”来描述。在这里，动荡指变化，无常指无序，复杂指因素多、理不清，模糊指看不清、道不明，综合看可简称为“乱局”，怎么应对？有点让人犯难。

面对乱局，若时间紧，事务多，责任重，压力大，这种情况持续存在，最终就有可能让人精疲力竭，不堪承受，结果在无意中陷入决策崩溃或者决策瘫痪，要么变得抓狂，自我放纵，随性而为；要么试图逃避，放弃选择，听天由命，不想动作。

直觉、理智与迭代

在乱局环境中，面对重大决策，涉及本能、直觉、情感、理智，如何巧妙运用，以做到在保证决策质量的前提下，提升决策响应速度，值得探索。据说，古代波斯人采用这样的方法：或醒时决策醉时复议，或醉时决策醒时复议，以此兼顾情感与理性。

远观静思灵感涌现

一般来说，清醒时，会多些理性逻辑思考，而喝醉时，则会多些感性直觉判断。将逻辑与直觉有机融合，对于做好决策非常重要。特别地，若时间允许，最好使得通过逻辑与通过直觉得出的结论，相互印证，形成共识，以更好提升与保证决策质量。

利用直觉创意，找出能兼顾众多冲突要求的解决方案，通常需要较长时间酝酿。由此看，领导现场办公，若面对媒体，当着公众，即时拍板，恐太仓促而难考虑周全。当然，对那些事前做过准备，为宣传而搞的现场会，主要为的是示范推动，则另当别论。

对于重大决策，需远观静思，距离产生美，淡定出创意！靠得太近，身陷其中，恐被局部放大的细枝末节所误导，再加时间紧迫，受急切情绪影响，就更难看清整体全貌，透彻把握事物本质，做到进退自如。如此做决策，易事后追悔。

古人云："处难处之事愈宜宽，处难处之人愈宜厚，处至急之事愈宜缓，处至大之事愈宜平，处疑难之际愈宜无意。必有容，德乃大，必有忍，事乃济。"暂缓，远离，放松，善用无意之注意，可助直觉灵感涌现，找到更佳创意方案。

面对错综乱局，一时头绪理不清，此时不妨暂时放一放，做点与决策无关的相对轻松之事。这样，或能强迫大脑后退一步，拉开与决策所涉的当下、人际、理想、现实等距离，如此远观静思、抽象超脱，自可提升思维与决策质量。

对于关乎未来发展的重大决策，如果是当参谋，为别人做出主意，或者作为职业经理人做决策，需更多地凭理性逻辑，以免日后追责说不清；如果为自己做决策，可凭直觉：怎么做今后无论成败不后悔、怎么做当前内心觉得更舒坦。

发现自己内心偏好

许多关乎未来的选择，涉及众多因素，其中充满不确定或随机性，各种方案自有特点，通常按照理性逻辑，难分绝对优劣，此时常让人内心纠结，不知如何决策。面对这种情况，打破决策僵局的最好做法，或许是人为地引入随机性。

面临不确定，请大师、找顾问、抛硬币、烧龟壳等做法，实际上都是引入随机性，其本身可能并不科学，但却可以帮助揭示人们内心的真正偏好。例如，请了大师，觉得不对，还想另外再请时，实际上就可印证你最想做的是什么了。

通过引入随机性，发现不自知的直觉偏好，此做法只在人们心中存疑、举棋不定时可用。如果情况熟悉，考虑周详，行动已定，则最好不要再引入异议，以免扰乱心智。此即古人所说的，有疑则卜，无事、不动则不卜，不为同一事反复占问。

复杂系统试错迭代

复杂社会系统，少点顶层设计，多些分散决策，可自适应。当今社会，管理泛滥，现实中多见集权垄断、过度干预的例子，结果使得大众的创新意识与主动精神多受束缚，致使通过不断试错、探索、积累而成的实践智慧，无法充分展现。

《反脆弱》（*Antifragile*）一书认为，随变化起舞是自然或复杂系统生存、繁荣的本质特性，试图人为抽离甚至消除波动，实际上既不可能，也根本做不到，甚至还有损于系统自身的健康运行，就如直接干预市场的调控措施，常在无意中加剧市场的波动。

有人谈央视春晚，规模趋宏大，观众面变宽，各方评判多，突破出新难。群体决策，众口难调，听过多种意见，谁可定案拍板？多部门协同共管，上面千条线下面一根针，各有一定否决权而少有决断肯定权，如此操刀融合，有多难？

多因素影响与决策

面对错综乱局，决策涉及多因素，相互关系有点难理清，直觉创意有点道不明，此时就需要通过实践综合，给出备选解决方案，然后基于所掌握的决策前提与依据信息，对方案进行评估排序，最终做出判断选择，给出决策行动措施。

方案评估，通常涉及同质与异质两类指标。同质指标可通过量化比较，异质指标则需优劣排序。具体地，用于同质指标比较的做法有“属性相消法”“加权求和法”等，处理异质指标排序的做法有“优先排序法”“一票否决法”等。

属性相消法

关于属性相消法，可能每个人都在有意无意中试用过。这就是先对需要进行比较的方案，分别列出其所有能想到的优劣特征与判定理由，然后对各方案的这些优劣及理由进行比较，逐一删除各方案中的等价项，最后按剩余项做排序。

例如，这个方案中有一个理由，正好与其他方案中的一个、两个、三个甚至更多个理由基本等价，就按等价原则同时删除各方案中涉及的相关理由。按此方式，一直删除下去，直至各方案剩下不再可删的少数理由，再据此做出排序。

运用属性相消法的弊端在于，重要属性可能在每个方案中都有体现，结果在排序过程中被逐一删除，而一些相对不重要的属性，若正好在各方案中表现各异，就反而会留到最后，构成了决定各方案差异的关键项，影响了人们的决策。

一般地，在涉及多人、多指标的多属性决策中，除了需要考虑各属性的相对重要性，还需关注各属性所能提供的信息量，也就是有关属性能够用于区分方案优劣排序的作用大小，即各属性指标的细微变化对于最终排序的影响大小情况。

在进行方案比较中，相互差异不大的属性，即使其重要性程度很高，也不会对排序产生实质影响，有时甚至会根本不起什么作用，只有那些在各方案中表现各异、相差较大的指标，才会对方案优劣的判断选择，产生举足轻重的影响。

这就是说，只有涉及各方案的差异性或异质性的信息，才会对方案的排序产生真正有意义的影响，因而具有重要的决策参考价值。有鉴于此，对于多属性决策，须特别关注评价指标的选择，注意指标的区分度及其对方案排序的影响。

加权求和法

加权求和法，先对方案评价所涉及的各种指标进行量化处理，然后确定各指标的相对重要性权重，再计算各方案的所有指标的量化值，并对量化值进行加权求和，以最终求和值决定方案排序。在这里，关键在于指标选择与权重确定。

如何选择方案的评价指标？怎样确定各指标的权重？这本身就涉及判断与选择问题。有时，决策者所构想的重要指标及其权重程度，可能与人们实际所关注的指标及权重并不相同，这样的话，据此确定相关方案的排序当然就无效。

例如，在解决某高层公寓的地面停车位分配时，原以为距离最关键，而实际上住户最关注的是：首先，希望从自家窗户看到车位；其次，经常用车者的车位应更靠近停车场的出入口；再次，对家中有行动不便者的住户，可适当照顾。

优先排序法

当多指标的相对重要程度有着根本性差异时，对决策方案进行评估排序，或许可用优先排序法。例如，在类似上述车位分配问题中，就可采用优先排序法：先按最重要的指标，再按次重要的指标……逐级排序，直至选出合适的方案。

优先排序法有两种变形，一种是选优法，这就是将人们决策的关注点放在方案的正面属性上，据此对方案进行选优排序；另一种是汰劣法，这就是采取逆向思维，将人们的关注点放在方案的负面属性上，据此对方案进行汰劣排序。

选优与汰劣，提供了正、反两种分析思路，采用的是优、劣两种不同的评估指标体系，可以帮助人们依次挑出最佳、次佳、再次佳等方案，或者逐一排除最差、次差、再次差方案。选优、汰劣的不同考量，或会得出不同的决策结论。

一票否决法

一票否决法，隐含着对决策所涉及的某些属性指标，提出了绝对重要、不可替代的假设，有时反映了某些不可逾越的行为底线。例如，“违法乱纪、有损商誉的事，不管利益多大都绝对不能做”“不投赢得起而输不起的项目”等。

从长期理性看，企业经营的安全、盈利方面的要求，通常高于速度、规模方面的要求。考虑受当下情感的影响，人们的许多做法可能背离长期理性，此时，借助于类似“一票否决法”的制度设计，可确保组织或个人坚守理性决策底线。

在行政管理中，如果政出多门，各自均强调分管条线的重要，在对下级组织考评中滥用一票否决制，则基层组织受资源有限的制约，必将陷入无法招架的境地，最后“什么都是最重要”，就会渐变成实际上的“什么都不再重要”。

实践中的相机抉择

以上讨论的各种方法，只是帮助理性思考的工具，现实的决策似乎远非如此简单。人们可能都曾有过这样的经历，涉及错综乱局的多因素决策，面对原本举棋不定的多个方案，一旦有人给出优劣评价，马上就会发现自己内心早有定见。

具体地，有时当别人征求自己的看法时，似乎没有什么明确的倾向，说不出众多方案的优劣排序，似乎选哪个方案都无所谓。但当有人对方案谈出倾向性意见时，却马上又会感觉到，自己对此深有同感，或者觉得这种看法很不靠谱。

为什么会出现这种情况呢？原来人们内心在无意识中，对于各类方案存在着某种并不自知的优劣评判，只是理性上，也就是在有意识中还感觉不到，或者有点说不清楚。这里的内心感觉，涉及预感、直觉、洞见等，其源头来自人类潜意识中的情感与理性。

找对象如何决策

找对象，属人生大事，如何做决策？按理性分析，似乎很复杂，仅一个“门当户对”，若要绝对满足此条件，就会让人很犯难。按情绪感觉，似乎很简单，就看是否对上眼，只是现实中还得附加一个条件，需双方同时互相看中对方。

有位男士，自己个子不太高，多次声称要找的女友身高不能低于 1.6 米。后来，他相中一位姑娘，其他条件都不错，但没达到他原先希望的高度。当朋友们问他，为什么放弃了自己原先所确定的标准时，他回答说：“太喜欢了！”

谈恋爱，或许喜欢的感觉最关键，有了此感觉，其他什么条件都不重要。现实中，许多人基于各种功利考量，用非常理性的方式分析，为男女双方的交往预设了很多条件，经过了精心算计对等关系，却再也听不到本应有的，能让人心动的情感召唤。

挑工作怎么考量

挑工作涉及众多因素的考虑，是件令人挠头的事情。雷法是一位决策和谈判领域的专家，据说，他在哥伦比亚大学任教时，接到了哈佛大学的邀请，让他去那里任教。要不要接受邀请？他有点犹豫不决，为此拜访了朋友，寻求帮助。

朋友根据雷法提出的理论，建议他先识别相关的标准，然后确定如何衡量这些标准，再按照标准给两个学校评分，最后通过运算，看哪个学校得到的总分更高，就决定去哪个学校。雷法听后，回答说："不，这是一个严肃的决定！"

这一回答很有意思，既然严肃的决定不能用这种方法，不严肃的决定又根本无须如此费心，那所谓的加权求和决策法，又到底有什么用呢？这个故事表明，现实中遇到非常复杂的问题时，不能只是相信理性计算，还需听听内心的召唤。

投资项目怎么选

对于个人事项，可以听从内心召唤，这似乎没啥问题。但如果是为公司选投资项目，情况可能就更为复杂。比方说，甲项目的创业团队，让人印象深刻，觉得更值得信任；乙项目的数据分析，思路逻辑严密，让人感觉清晰、靠谱。

综合考虑甲、乙两个项目，总体上，直觉更看好甲项目，逻辑更信任乙项目。若需要在这两个项目中选择一个，到底该向公司推荐哪个项目？如果向你的老板推荐，哪个更保险？如果你就是老板，为自己选项目，选哪个感觉更放心？

一般地，面对逻辑推理与经验直觉的冲突，当涉及个人价值偏好方面的重大决策时，例如，找对象、挑工作等，可以听从自己内心的呼唤；但当涉及组织运行发展方面的重大决策时，则需遵循事物的内在规律与组织的文化价值观。

进一步考虑，若受时间等因素制约，暂时无法达成理性逻辑与情感直觉的统一，则可遵循这样的决策原则：对于由自己出钱或承担责任的事件，可听从内心的直觉呼唤；而对于由他人出钱或承担责任的事件，则必须依靠理性逻辑指引。

破难题从人入手

现实决策中，会遇到许多仅凭逻辑与直觉而难以解决的问题。例如，选择太多，无法逐一对比；目标冲突，让人举棋不定；信息太少，搜索成本太高；时间紧迫，来不及思考；资源有限，想到而办不到；能力不足，有心想而却想不到！

当然，千难万难，解决了人的问题都不难。再错综难解的问题，都是由人解决的。基于对人的接触与理解，做好人的工作，充分发挥和利用全体员工的主动性、积极性、创造性，许多看似困难的问题，就能找到切实可行的解决办法。

例如，某公司连续亏损，管理层人人自危。新的CEO赴任，聚焦于补救措施和发展对策，而不是埋怨、追责、惩罚。在稳定人们情绪的基础上，冷静分析危机成因，提出避免重蹈覆辙的具体建议，结果引领公司很快走出了亏损困境。

极小的事暖人心

据说，某针织厂因产品出口受阻，效益略有下滑，一些熟练工纷纷转行或跳槽离开，老板心里非常着急。他的母亲得知这一消息，从乡下坐长途车赶到工厂，看到员工们吃的饭菜很差，就亲自下厨掌勺，母亲做的菜，员工吃得很开心。

母亲发现员工来自全国各地，就特别地做出几类菜，使每人都能找到自己喜欢吃的菜。母亲还特制了一块黑板，让员工把喜欢吃的菜写下，做给他们吃。此外，母亲还记下各员工的生日，使每一员工在生日的当天，都能收到一份礼物。

这些看起来似乎都是小事，此前的厨师没想到，老板无暇没顾及，母亲所做的均发自内心。如此亲情关爱，使出门在外的员工有了家的感觉，人心趋稳定，积极性提高，产品返工率下降到几近于零，甚至还有此前跳槽的员工，重新回来了。

倾听传递认同感

许多情况下，倾听并不需要你真的付出什么东西，只是需要你的耐心、关注、理解！营销人员更要学会倾听、善于倾听，这种倾听不仅涉及产品，还包括客户喜好，有时甚至就只是听客户拉家常，这对获得客户的内心认同甚为关键。

据说，美国“汽车推销大王”乔伊·吉拉德就曾遇到这样一件事。一位顾客慕名找吉拉德咨询购车事宜，就在相谈甚欢，即将签约成交时，顾客忽然翻脸离开。吉拉德很感突然，百思不解，最后才知道，是因当时一得意，忘了认真听顾客拉家常。

事实上，认真倾听意味着尊重。在倾听过程中，如果能适时得体地表达自己的感受，比方附和、赞同、理解对方的观点，就会让人觉得真正遇上了知音，碰到了值得信赖的朋友。毕竟人都是喜欢与有共同语言、值得信赖者打交道的。

陌生环境审慎决策

看不清与看得清

未来看不清的陌生环境，允许干中学试错；未来有规律可循的熟悉环境，需谨防蛮干犯错。为此，决策需先弄清：环境到底是熟悉的，还是陌生的？可控的还是不可控的？从而大致做出判断，到底面临的是可预见的未来，还是不可控的动荡难料未来。

在看得清情况、理得清逻辑时，也许可以精心设计、事先规划，而在情况不明、多有变化时，也许只能大胆假设、小心求证。至于企业经营结果到底怎样，若考虑到市场竞争、意外变化的现实存在，可能就有点谋事在人、成事在天。

我国经济改革开放，多见旁观指责者，拿国外做对比说事，事后诸葛亮式地横竖挑刺。实际上，发展是个迭代过程，许多阶段均需经历，无法逾越。逢山修路，遇水搭桥，发现问题，适应调整，如此演进，世界各国经济的发展，概莫例外，均属必然。

人生充满选择，有些选择无关紧要，可以随意率性；另有些关乎生死安危，必须小心谨慎，不可掉以轻心。例如，在城市车水马龙的十字路口，如何过马路最安全？一以贯之的做法，实际上可能就只有一种，这就是“一慢二看三通过”。

一以贯之的做法，经长期的实践反复历练，就可形成在紧急情况下，无须刻意思考也能快速适当反应的直觉。例如，优秀运动员、飞行员、操盘手等的丰富临场经验。显然，在人们熟悉的领域，此类直觉可靠，而在陌生变化的领域则不灵。

在熟悉的领域中，可依靠直觉获得成功的决策，通常具有这样的特点：频繁重复，可熟能生巧；反馈迅速，可适时验证决策的有效性；环境熟悉，对影响因素心中有数，不会出现意外；风险适度，失败能承受，可以放手大胆行动。

何时需要听专家

在陌生领域做决策，一般需小步试探，迭代学习，摸索前进。当然，如果这种陌生，只是决策者不熟悉，现实中有其他人曾经做过，或者有专业经验，则决策者可考虑借助外部资源，如请专家、聘顾问等，以提升决策速度与效率。

约翰·邓普顿说："如果十个医生告诉你吃某种药，你最好还是吃这种药。同样，如果十个工程师告诉你用某种方法修建大桥，你最好用那种方法修建大桥。"这意味着，涉及客观规律的专业技术问题，需听训练有素的专家意见。

约翰·邓普顿接着还提到："但在选择股票时，众口一词是非常危险的。如果十个证券分析师告诉你买入某类资产，记住远离它，它的股价必然已经反映出其受欢迎的程度。"可见，市场供求博弈，存在互动不确定，需众争勿趋的逆向思维。

注意倾听外部顾问的意见，需防无意中可能出现的另一倾向，这就是过度相信外部专家的理性逻辑，而相对忽视内部真正熟悉与了解情况者的经验直觉。例如，许多大公司在制订发展战略时，往往更多依赖外部著名咨询机构的帮助。

请著名咨询机构帮助制订战略，严格按照咨询机构的建议，在公司内部自上而下贯彻落实战略。这种做法，在公司内部传递了错误的理念：战略可以抛开熟知内情的中层经理或一线员工的经验直觉，仅凭高层与外脑的努力设计而成。

实际上，离开了公司中下层资深员工的经验直觉，易使公司战略的制订流于形式，最终得出的措施建议，多因操作性不佳，很难获得人们特别是基层一线员工内心的真正认同。如此将直接影响员工实施战略的投入激情，使组织失去创新与变革的原动力。

从熟悉走向陌生

企业发展，个人成长，实际上都只是一个过程，一段单向不可逆的经历。在这个历程中，从无到有，从现状到理想，决策者不断地从熟悉走向陌生……接受各种各样的模糊不确定事件的挑战，克服一个个错综乱局或难题，历练前行。

理性上看，从熟悉已知走向陌生未知，是人生本质；感性上看，通过征服一个个陌生无知，逐渐变成对许多情况的熟悉已知，会给决策者留下深刻印象。深刻的感性印象，很容易压倒理性认识，使人在无意中变得狂妄自大、自以为是。

如此结果，易忘所走的实际上都是陌生路，以为道路越走越熟悉，这种情况在重大决策中特别多见。例如，公司跨界进入新领域，涉及的多是陌生领域决策，但决策者可能会觉得，自己此前做过很多类似项目，积累了许多成功经验，可以轻松地熟练移植。

冷静想，做过许多项目，取得成功，关键是要弄清：成功是怎么取得的？经过了多长时间？是如何一步步积累而成的？而跨界新投资的项目，是否也需经历时间过程？要不要慢慢学习、逐渐做成？想清这一点，或许具体做法会大不同。

此前做成过许多小项目，再做类似小项目，属于熟悉领域决策，或可借鉴此前经验，快速做成。而若要将此前多年做小项目成功所积累的资金，一次性投入做一个大项目，必须意识到，这时的决策属于陌生领域，过往经验多不可用。

在有经验的熟悉领域，相对可以大踏步地快速前行；在没经验的陌生领域，则需要小心谨慎前行，特别是要考虑万一失败，后果是否可承受这一底线。所以，重大决策需时刻警醒，注意所面临的问题：是熟悉可控？还是陌生不可控？

时刻保持探索心

面对不断变化或不熟悉的情况，通常过往经验不管用，此时前行的步子肯定不能急、不能大。例如，找工作，需面试多家公司，若面试经验丰富，是先面试自己最喜欢的公司？还是最不喜欢的公司？反之，又怎么安排面试顺序更好？

没有经验时，要找不重要的事历练，这样即使做砸了，后果也可承受；反之，有经验能搞定时，则直接做好重要的事，如此可提高效率。例如，做项目投资，情况看不清时，可以少投一些做试探，若有实力，还可分散多投几家做试验。

从这个角度看，前面提到的找对象之事，若此前双方没有接触过，只凭第一印象一见钟情，甚至快速闪婚，这就相当于面对陌生领域，贸然大投入，显然风险比较大。更好的做法或许是，大家先接触，相互了解后，才最终做决策。

第 6 章　社会互动

关于决策情境，上一章着重讨论受限决断的问题，其中涉及决策者需要应对的压力环境、情况不明、错综乱局等情况，本章将讨论社会互动问题，需要处理看法不同、多方博弈、业态共生等关系，特别是由反身互动所引发的不确定。

这里提到的反身，指在社会互动中，人们在考虑自身行动时，会猜测、揣摩他人的可能做法，并以此为基础反过来考虑，自己到底怎么做更好。猜测、揣摩他人想法与做法，并不等于他人一定真的如此想、如此做，这就使得各方互动的结果存在不确定。

一般地，仅凭个人的情感直觉，揣度他人的动机与行为，据此推测市场互动走向，通常都会有偏差，最终易引致难预料、测不准的结果。真正把握互动，需了解人性、事理、物用，注意“逆本能而行、顺顾客而为、反竞争而动”。

看法不同

现实决策中，若考虑到有多个主体参与过程互动，就可能引发新的决策难题。例如，对于同一问题，众多决策参与者有着不同的看法，各人的看法听起来似乎都对，但实际上却相互矛盾冲突，此时想要从中做判断选择，就极具挑战性。

这种情况，越处权力中心，感受就越深。美国前总统沃伦·哈丁曾感叹：“当我听取一方的意见时，我觉得他们看来是对的。而当我再与另一方交谈时，发现他们同样也是正确的，这就是我的出发点……天啊，这是什么样的工作！”

受选择性知觉影响，对于同一问题，多人之间存在不同看法，甚至同一人在不同时候会有不同观点，这种情况在现实中很常见。从产生根源看，可能因为身份、角色、职业、地位等不同，无意中引发了视角、爱好、立场等矛盾冲突。

视角

有个故事，说的是一位画家，创作了一幅画，把它摆在人来人往的十字路口。先在下面贴了张字条：“请标出败笔！”次日见到整幅画上，打满了各种标记，几乎一无是处。后来换了张字条，上面写着：“请标出妙笔！”结果也见到了满画的标记。

“横看成岭侧成峰，远近高低各不同，不识庐山真面目，只缘身在此山中。”很多情况下，人们产生分歧的看法，并不是由于眼力不行，看不清问题的本质，而是由于所处的位置与经历的事物不同，所能体悟到的东西自然有所不同。

古人云：“井蛙不可语海，夏虫不可语冰，曲士不可语道。”人们经常说的“位子决定视野”“吃哪家饭说哪家话”“隔行如隔山”“任期长短直接影响决策思维的时间跨度”等，从某种意义上看，也都是由于当事者受到不同视角作用的结果。

基于不同的视角，看到不同的东西，从而形成不同的看法，这本来并无什么对错之分，只要大家相互尊重，就可通过充分沟通，达成对事物更全面的认识。问题在于，当观点分歧时，通常人们会认为自己是对的，而别人是错的。

调查表明，对于人际沟通，绝大多数人认为很重要，并觉得这方面的工作存在不足；但同时，几乎所有人都觉得，自己做得不错，沟通的主要障碍在于别人不会沟通。这显然有点自我中心，毕竟沟通受阻是双方共同的事，不可能是单方的原因。

例如，下属给领导提建议，若建议被采纳，会认为自己有水平，而若没被采纳，则会认为领导不识货。此时若能反思：“领导没听进去，到底为什么？”或许就可发现，自己的沟通与表达方式的确存在问题，可以做进一步的改进提升。

许多事情，换个角度看，感受大不同。据报载，有位北京的记者去西藏采访一位当地的老太太，记者问老人：“一辈子待在一个地方，从未出过远门，是否很辛苦？”老人答：“不觉得怎么辛苦，您大老远从北京到西藏才辛苦。”

再如，开会多见打瞌睡，常有新官上任整会风，却少见反思为啥会如此。蒋子龙在“开会和睡觉”一文中说：“只要有没完没了的不参加又不行的、听没有多大好处不听也没有多大害处的会，就不可避免地会有在会上睡觉的人。”

爱好

由于视角不同，基于不同的观察角度，从而得到不同的信息，这有可能通过沟通，使得人们对事物形成较为全面的一致看法。爱好不同，涉及偏好倾向差异，通常为长期习惯使然，即使加强沟通，也很难达成共识，只能相互尊重、理解、包容。

喜欢是没有道理可说的，因为喜欢本身就是理由，它有时甚至会成为一种类似信念的东西。喜欢，怎么都行；讨厌，怎么都不行！相信，错也是对；不信，对也是错！这一点，就如人们常说的“学会吃西餐容易，喜欢吃西餐难！”其中关乎情感，而非理性。

当然，若做进一步的划分，有人觉得，喜欢还是不同于热爱。喜欢通常有前提，而爱则是无条件的。喜欢关注得到，热爱愿付出代价，喜欢容易热爱难。现实中，有时正是因为混淆了“喜欢”与“热爱”，结果才闹出了许多误会。

据说，一个在草原生活了多年的人得了抑郁症，使得送他到草原工作的领导感到不可思议。该领导对医生说：第一次带他到草原时，他惊喜得如同孩子，迫不及待地尝试牧人骑马射箭的生活。回来后，写了好多感想，作了好多诗。

第二次带他到草原，他带去了照相机和画夹，几乎踏遍了草原的每一角落，制作了好多花草标本。第三次带他到草原，他依然有说不出的激动，深入牧区体验生活……以后再有人去草原，他争着当向导，还发表有关草原发展的论文。

正是看他如此喜欢草原，才派他去那里工作的。医生听后说：“你并不知道当你派他去草原工作时，他回家大哭了一场；到了草原后，他成天躺在草地上睡大觉。”领导不解，问：“为什么？”医生解释说：“喜欢，并不等于爱。”

据报道，沃尔玛在美国取得成功所凭借的低价、库存管理及商品种类多的模式，在德国、韩国、日本等拥有大量本地折扣连锁店、消费者购物习惯迥异的国家并不奏效。例如，德国的阿尔迪连锁超市中，出售的食品比沃尔玛便宜，质量也很好。

沃尔玛在店里出售小包装肉，而德国人喜欢从肉店买肉。沃尔玛从食品到日用品“一网打尽”的销售模式，并不符合德国消费者的购物习惯，他们更喜欢每天去专门卖食品、药品或家用消费品的店里购物，而不是一周去一趟沃尔玛。

沃尔玛按既有的价值观方式行事也遇到困难。在德国，沃尔玛不再要求售货员向顾客微笑，因为担心一些男顾客误认为这是调情，后来还放弃了让员工唱晨曲的惯例。只是这一切为时已晚，因长期亏损，后来沃尔玛退出了德国市场。

立场

立场意味着代表谁或为谁说话。在社会中，每个人扮演着多种角色，有着多重身份，这其中的每一角色、身份，都反映了一种特定的自我认知与社会预期，体现了一种观察世界的立场，就像有色眼镜一样，无形中影响着人们的看法。

基于社会镜像互映的考虑，一个人在内心怎样看待自己，在外界就能感受到怎样的眼光。从容者感受到平和，自卑者感受到歧视，和善者感受到友好，叛逆者感受到挑衅……可以说，有什么样的内心世界，就易感受到什么样的外界眼光。

人在无意中喜欢站队，以此表明自身立场，据此判别是非错对。例如，看比赛，若不站队，谁胜无所谓，乐趣就会大减。问题在，立场决定观点，态度多随站队，许多情况下，初始站队多属偶然或意外，却会扭曲其后评判的客观性。

多种角色与身份，若代表着不同的利益与责任诉求，就可能产生相互冲突与矛盾。例如，医生与病人，教师与学生，领导与下级，家长与子女。特别地，对有着不同文化价值观甚至宗教信仰的人来说，不同立场的冲突要求，通常很难兼容、兼顾。

詹姆斯·马奇指出，世上许多纷争，明争的是理，暗争的是利。现实中，明星争粉丝，专家争名头，官员争权位，市场争顾客……面子得失，利益多少，一旦开战，本能使然，板砖乱飞，斯文扫地，使人际关系多了冷漠、少了温情。

在经济全球化的时代，实际上各国的政治、利益仍然是本地化的，大家都会更多地从自身利益出发，制定或解释游戏规则，即使看似公平的投票表决体系，其中关于代表产生、何为多数等认定，还是会受立场、情感等因素的影响。

人们常说，要对得起头衔，对得起工资。无意中屁股已坐歪，观点偏颇难独立，却仍坚称出于公心，为了整体与社稷。旁观者常见，一些人明明出于一己私利或小团体利益，却信誓旦旦地公开表态，自己是为大众、为百姓、为公益。

据研究，对于类似建立垃圾发电厂的项目，人们在讨论项目费用的分担时，倾向于讲“公平”，认为谁扔的垃圾多，就该多出钱；而在讨论项目收益的分配时，则倾向于讲“平均”，即不考虑各方投资贡献的大小，希望人人见者有份。

对于公益项目，成本分摊讲责任，利益共享想平均，必然导致责任、利益分配不对称，易使大家相互冲突而谈不拢。若此事由政府办，则无须担责出钱的各方，会更关注项目的面子、功效，而需要出钱的各方，会更关注项目的费用与利得平衡。

类似地，多子女家庭，易在父母赡养与财产分割上产生争议：赡养讲公平，分家讲贡献，再加上人们会高估自我贡献，低估他人努力。在电视调解节目现场，就曾见兄弟姐妹争家产的闹剧，亲情被撕裂，伤透了一旁坐着的年迈父母心！

以上讨论表明，由视角、爱好、立场所引发的看法分歧，即使无关信息失真、曲解、操纵，也难通过沟通形成共识。正是基于这一考虑，宽容不同角度的看法，理解不同偏好的态度，谦让不同诉求的冲突，应成为互动决策考量的基点。

冲突

除了看法分歧，影响决策的还有矛盾冲突。詹姆斯·马奇认为，由角色、职位等不同所决定的身份差异，由内心永不满足所导致的欲望无限，由人际比较甚至控制权归谁所产生的争抢第一，使得组织中存在着难以消除的分歧与冲突。

身份差异，有人为领导，有人当下属，有人是朋友，有人为对手，这种情况客观存在。即使有些公司，刻意倡导平等文化，相互之间不称职务，叫名字甚至还借鉴古人用花名等，但仍无法否认，事实上其中某些人具有更大的主导话语权。

欲望无限，往往在满足当前愿望的同时，就埋下了提出更大欲求的种子。争抢第一，意味着人们会为江湖地位、谁说了算而竞争，这种更多出于嫉妒而不是绝对稀缺的本能行为，有时甚至会将正和的游戏变成零和甚至是负和的博弈。

认清冲突永恒之本质，可见社会和谐多属美好理想。人际、族群、国家间争权夺利，为名斗气，矛盾冲突多见，这挑战着决策者的智慧。“管理有永恒的问题，而无终极的解答”。组织中，想法可有不同，行动却需协同。怎么办？

接受冲突永恒的现实，可使决策者对遭遇冲突，更有心理准备。解决冲突问题，最好的做法是构建创意解决方案，在无损各方利益的前提下，妥善化解潜在的矛盾。例如，基于各方谦让，协商解决冲突，以减少请律师打官司，对于精力与财力的消耗。

故事说，老人临终遗言，家中的 17 头骆驼，分给大儿子 1/2、二儿子 1/3、三儿子 1/9。儿子们犯难，求助于智者。智者牵了一头骆驼，按遗言分配 18 头骆驼，分完后牵回了剩余的那头骆驼。在这里，创意就如找到第 18 头骆驼。

现实决策论证会，若涉冲突，易陷空谈：一是，太多权威观点，使问题复杂化，让人觉得难有对策；二是，专挑方案不足，希望再加以完善；三是，貌似专家太多，意见各异，互不妥协。化解之道在：求相对可行方案，边干边完善！

面对冲突，钻牛角尖，挑刺谩骂，非常容易。为验证这一点，不妨上网络，找一条转评很多的争议帖，先想想怎么找碴抨击，再打开评论，看看其中是否已经有你想表达的质疑？再细想，能否提出可获众人认同的对策？做到这一点，是否极难？

提可行对策，需有创意，颇费脑筋，但借此途径持续修炼，或可提升分析与解决实际问题的能力。信者，不妨多试！面对现实矛盾与冲突，与其把自己变成令人讨厌的刺头，还不如花心思增长才干，把自己修炼成能敲碎问题的榔头！

多方博弈

对于现实存在的冲突，涉及两类人际互动：一是纵向互动，就如公开拍卖，按照时间顺序，各人依次报价争购；二是横向互动，好似匿名竞标，设定截止日期，各自独立投标竞争。在这里，各方到底如何出招，其中就涉及互动博弈。

博弈，均需推测他人的动机与行为，然后决定自己的相应对策。例如，世界各国的军备竞赛，当一方做出强势姿态时，若可吓住另一方，则能以较低代价获得优势地位；若不仅吓不住另一方，反而激怒另一方，则会导致军备升级。

在冲突博弈情形中，各方的决策相互依赖、共同作用，才形成最终的结果。此时太聪明、太犯傻都不行，需适度才行。例如，对于企业技术创新，就存在这样一种说法，太超前成先烈，太滞后白费劲，把握适度才可当先驱。

多方博弈，必须注意客观上存在的资源有限、需求不足，不能忘了企业根本使命“活着”——正向思维，即创造价值以增加收益；逆向思维，即预防意外以降低风险。现实博弈中，易激情冲动，疏忘根本使命，从而引发长期恶果。

例如，在创业、创新中，更多看到自身的优势，相对忽视其他各方力量的存在，结果受个人激情主导，严重低估市场竞争的激烈程度。在企业产能扩张时，更多感受到缺货的压力，看到市场增长的空间，忘了同行也会看到同样的情况，其产能也会放大。

再如，面对行业成熟的市场份额之争，许多企业首先祭出的往往是降价大招，只是容易忽视如果同行也采取这样的做法，将如何应对。反过来，面对同行的降价竞争，可能首先想到也是以降价应对，而不会设法构想反竞争而动的妙招。

并购悖论：傲慢假说

问卷 6-1　并购标的选择

对于以下情形，请问你的选择是什么？

情形 1：你的公司需要资金用于新项目开发，拟从目前经营的业务中选出部分以供出售。

A. 出售盈利状况与前景很好的业务，这样可以卖出更高的价钱。

B. 出售盈利状况与前景欠佳的业务，这样可以摆脱经营的困境。

情形 2：你的公司准备从市场上选择合适的业务作为投资并购的对象。

A. 甲企业拟出售的业务，盈利状况与前景很好，只是出价较高。

B. 乙企业拟出售的业务，盈利状况与前景欠佳，但是价格较低。

对于问卷 6-1，根据笔者对 1090 名在职 EMBA、MBA、总裁班学员的调查，结果表明，在情形 1 中，选 A 的占 10.1%，选 B 的占 89.9%；在情形 2 中，选 A 的占 86.3%，选 B 的占 13.7%。这意味着，人们存在着买优卖劣的倾向。

问题在于，一个实际并购事件的发生，必然既有买方也有卖方，如果卖方觉得卖出的是差业务，而卖方觉得买入的是好业务，那么对于标的企业的评价，到底是哪一方搞错了呢？是卖方看走眼，贱卖了？还是买方看走眼，买贵了？

客观地说，对于并购标的，通常应该卖方更了解些，人们常说“只有买错，没有卖错”。更考虑到，卖方要舍弃一直在自己手中的东西，情感上易有惜售心理，无意中开价会偏高些，这样一来，可见现实并购案中更可能是买方看走眼。

既然如此，理性看，买方在对待并购的事情上，应该更慎重些才对。考察现实，发生的并购案很多，而其中的成功率不高，这似乎表明，更多的是买方决策失误了。那么多的公司高价买进了卖方认为不好的标的企业，这到底是为什么？

从动机与价值的角度看，一方面，并购象征着成功，可能起到消灭对手、做大业务甚至提升股价的作用，这可给决策者带来面子与实惠；另一方面，若被并购业务与并购公司原有业务存在着一定的互补性，则有可能发挥协同效应。

除此之外，面对可能高估的卖方开价，为什么仍有买方愿意并购？这其中还涉及一个影响并购决策的重要因素，就是罗尔提出的所谓“傲慢假说”，就是觉得。并购公司的管理层倾向于高估自身的能力，自信并购后能比原先公司的管理层做得更好。

观察许多事后证明失败的并购案，从中多见决策者存在的两方面误判：一是对于机会欲望的过度关注，在仓促之中，缺少了对风险防范的冷静思考；二是对于自身能力的过高估计，深陷并购后的整合困境，极难达成预期的效益。

基于买卖双方对于标的业务或企业的信息不对称了解，为了保证并购能够带来真正的公司价值提升，作为买方，必须冷静思考，自己并购的目的到底是什么。另外还需清醒地认识到，卖方倾向于卖掉差业务，这其中必定可能潜藏着某种风险。

古人云："一个人藏东西十人难找。"卖方如果刻意隐藏信息，买方是很难察觉的。为此，需加强与卖方的互动交流，借此发现隐含的信息，以并购对标的业务的价值，做出更准确的判断。面对感觉特别完美的标的，尤需反思，对方为什么要卖？

现实中经常面对这样情形，人们常说"买的没有卖的精"，因为卖方知道内幕情况，掌握关键信息，而买方的尽职调查等，通常只是短时间走马观花了解的结果。正因为有关信息不对称的底牌，更多地握在卖方手中，所以，作为并购的买方需格外谨慎。

多家竞购：赢家诅咒

问卷 6-2　多家竞标出价

你所在的公司参加一个工程项目的竞购，经公司内部基于项目预期收益等全面严格的测算，认为合理的出价是 8000 万元。但考虑到另有两家公司参与竞购，经过打探和分析，估计若能出价 1.2 亿元，可以有较大把握获得该项目。在竞购出价截止前三天，公司获悉，又有五家实力雄厚的公司参与竞购，作为公司的决策者，请问你将准备如何应对这一局面？

A. 维持 1.2 亿元的出价金额不变

B. 大幅提高出价，确保竞购成功

C. 按测算的合理金额 8000 万元出价

对于问卷 6-2，根据笔者对 659 名在职 EMBA、MBA 学员的调查，结果表明：选 A 的占 38.24%，选 B 的占 6.22%，选 C 的占 55.54%。这意味着，即使是课内的冷静旁观判断，仍然有超过一半的人，选择在合理金额上加价的做法。

问题在于，基于公司自身能力考虑，如果偏离了合理出价金额，即使最终获得了项目，实际上也并不能为公司带来真正的好处。公司初始参与竞购是为了盈利，后来随着竞争者的增多不断加价，竞购的目的似乎变成了就只是为了争取得到项目。

如果争项目仅为竞争胜出，实际上意味着决策目标发生了根本改变。之所以如此，主要是由于多方博弈过程唤醒了竞争意识，无意中激发了人们的争斗心，最终产生了所谓的“赢家诅咒”情况，这就是赢得标的者，反而易陷亏损。

受竞购现场氛围的影响，人们更可能在群情激昂中失去理智，不惜一切代价只求击败对手拿到项目，结果彻底忘掉了初始参与竞购的目的。例如，在广告招标、土地拍卖的过程中，各地频现的标王、地王，就多属此类“赢家诅咒”。

竞拍中的非理性行为，不仅发生在面对面出价的场景，也存在于虚拟网络中。据说，有网上拍卖公司，故意找托儿参与竞拍，也能引发争相抬价。在这里，若人们并不清楚商品的真正价值，无意中就会从众跟风，盲目追随他人出高价。

据说，曾有房地产公司老板，为了与另一家公司争抢一地块，采取了志在必得的猛加价做法，原因只是此前在另一地块竞标中败给了对方。最终以远超预估的高价拿地后，老板当晚独自在地块上站了数小时，后悔与担忧出价太高了。

幸运的是，那些年房地产大势向好，这块高价拿到的土地最后还是赚了。另有公司老板，受迫于投行对赌协议，在土地竞拍遇强手时，举牌 308 次，以高出原估价 3 倍的出价拿下地块，后因宏观调控、上市受阻等原因致项目巨亏，惨败转手。

非成即败：囚徒两难

问卷 6-3　背水一战应对

马克斯·巴泽曼在《管理决策中的判断》一书中，提到这样一个问题：在某行业中有 A 和 B 两家实力最强的公司，C 公司是这两家公司的重要第三方，如关键的供应方、购买方，甚至竞争者等。作为一家独立的公司，C 公司值 10 亿元，但如果被 A 或 B 公司并购，其价值会上升到 12 亿元。

其中更为棘手的是，如果 A 公司并购了 C 公司，B 公司将会遭受 5 亿元的灾难性损失。相反，如果 B 公司并购了 C 公司，A 公司也会遭受 5 亿元的灾难性损失。假设 A、B 两家公司都清楚地知道，对方已经向 C 公司提出了并购要求，请问：作为 A 公司的决策者，该如何应对这一囚徒两难困境？

问卷 6-3 中的情形，并购只对 C 公司有好处，对 A、B 两家公司来说，非赢即输难两全，最好双方默契，都不采取并购行动。难题在于，相互竞争的 A、B 公司，会放弃“提升自我、打击对手”的机会吗？不担心对方会抢先出手吗？

若 A、B 两家公司均自以为是，觉得自己能从抢先行动中获益，则双方都可能主动出击，试图先抓住机会，以打击对手，规避损失。这样一来，A 方出价 10 亿，B 方会出价 10.5 亿，而 A 方接着或出价 11 亿，B 方又出价 11.5 亿……

如此比拼，最后的出价或许会达到非理性的 17 亿，结果 A、B 双方都掉入“鹬蚌相争、渔翁得利”的陷阱，各亏 5 亿，最终以被并购方的大受益、参与竞购双方的两败俱伤而告终。面对类似这样的不进则退、非成即败困局，到底该如何应对？

短期看，或许 A、B 双方有可能通过协商或达成默契，甚至采取公开声明“决不首先出价，但若对方出价，就将不惜一切代价反击”之类的做法，既表明愿意双方合作，又劝阻威吓对方，以使双方均不敢贸然主动并购，从而维持现有格局不变。

长期看，这种格局还是属于不稳定状态。因为其中的一方有可能受一时利益之诱惑，悄悄采取闪电行动完成并购，从而实现打击对手之目的。例如，在北京市场上，早年国美、苏宁竞相并购大中公司，过程中就上演过类似的大戏，最终大中受益颇多。

当时的国美、苏宁、大中，分别就相当于问卷 6-3 中的 A、B、C 公司。苏宁称，愿出 20 亿并购大中，若需 30 亿太高；大中公司则称与苏宁有约定，除非国美比苏宁出价高 5 亿～8 亿元。最后，国美出价 36 亿元，短短 3 天内迅速拿下大中。

有的时候，市场竞争就是如此残酷，不进则退，别无选择。只是如何进的方法，仍然有选择。例如，作为 A 或 B 公司，即使要采取并购措施，最好悄悄地闪电行动；而对于 C 公司来说，则应公开信息，争取多方接触，以求卖个好身价。

以上 A、B、C 公司的关系，本质上处于动态不稳定状态，毕竟面对这样的“损对手利自身”并购机会，竞争者肯定会忍不住去做的。此时，就看谁掌握主动，率先采取行动，尽早化解危机，否则一旦进入公开博弈，鱼死网破在所难免。

长期看，只要企业活着，留住实力，机会总是会有的。面对多方博弈，在类似竞相并购、投标等过程中，需坚守盈利底线，保持头脑冷静，防止情绪冲动；在不清楚对手与标的底牌时，切忌盲目加价竞抢，以免透支实力酿长期隐患。

类似于以上情况，某业内规模居前的公司做规划，目标由高层主观设定，不问决策依据，要求年增 26%，三年翻一番，且不准有异议。问题是，市场规律难违，处高位者为面子排名，层层向下重压指标，就极易酿出泡沫，再加同业恶争，致群体非理性。

面对上级确定的根本实现不了的目标，作为下属或只需考虑，可能出现的最坏后果是什么，如果发现这一后果基本可接受，那么就只需尽力去做即可，而不必太过在意上级指定的目标能否达成，免得给自己增加无谓压力，徒添烦恼。

长期承受不可化解的负面压力，例如，希望完成根本不可能达成的目标等，这会让人很抓狂，给决策者的生理及心理健康带来不利影响。面对无法完成的目标，还有一种做法是，直接将目标本身看成不符理性，不做积极回应，这样也可把自己解放。

认清形势：动机辨识

多方博弈中，人们的预期、行动、后果之间，存在着反身互动联系。各人猜测他人目标、动机、态度与行动，反过来据此决定自己的目标、动机、态度与行动，正是这样的不断相互作用，才使得事物的实际走向，具有极大的不确定。

反身互动性，会使个体预期与金融泡沫不断自我强化。这样的自我强化，或正反馈，或负反馈，最终会带来社会经济演化的内在波动性。古人云："反者道之动。"为应对这种波动性，必须了解引发正、负反馈转化的因素有哪些？

多方博弈涉及的反身互动性，其自我强化过程，受参与者的主观认知与行为的影响，存在误知、误判、误动的可能，这使得事件的实际走向，可能并不符合人们初始的预期。为此，必须注意考察参与互动各方的主观动机与客观制约。

互动过程中，情况不明，看法分歧，多有争议，最终决断凭感觉，或许没问题，但仍需心存敬畏。面对客观存在的规律或教训，若盲目武断，就易因人祸而遭天谴。天道不可违，这关乎客观规律性；人道或可变，这涉及主观能动性。

故事说，夜晚，海上浓雾弥漫，船长隐约见一艘船迎面驶来。他叫信号员告诉对方：“请向南改航十度。”对方答：“请向北改航十度。”船长火了，警告：“我是军舰，向南改航十度！”对方复：“我是航标灯塔，向北改航十度。”

以上故事中，将只能适应而不能改变的灯塔，误判成由自身能力可能改变的对象，这似乎有点荒谬。但在以下“三门猜想”问题中，若注意不到表面相似的行为背后，可能隐藏着不同的动机，而采取同一做法去应对，则结果亦堪忧。

问卷 6-4　动机行为对策

假设参加电视台的互动游戏，你被要求在 X、Y、Z 三扇门中任意选择一扇门打开。其中一扇门后面有一辆轿车，另外两扇门后则是山羊。在你选定一扇门后，知道门后有什么的主持人，会打开另一扇后面有山羊的门，然后再问你：要不要以你已选定的那扇门，换选另一扇还没打开的门。

比方说，你选择了 X 门，主持人会打开后面有山羊的 Y 门，然后问你要不要从 X 门换到 Z 门。假设你的目的是争取最大可能地得到轿车，则对于以下两种情形，当主持人问你要不要换门时，你的最佳选择应该是什么？

情形 1：无论你初始选择哪扇门，主持人都会打开余下的两扇门中的一扇门，让你看到后面有山羊，并再次给你机会，让你决定是否选择换门。

A. 换门　　　　　　　　B. 不换门

情形 2：根据尽可能让你得不到轿车的原则，主持人有时会打开余下的两扇门中的一扇门，让你看到后面有山羊，并再次给你机会，让你决定是否选择换门。

A. 换门　　　　　　　　B. 不换门

“三门猜想”问题，源自 20 世纪 60 年代的电视游戏节目《让我们打个赌》，在蒙提·霍尔主持的三门挑战游戏中，实际结果是，40%的人选择“换门”，60%的人坚持最初的选择而“不换门”。笔者的调查结果，似乎表明了类似的倾向。

对于问卷 6-4，根据笔者对 409 名在职 EMBA、MBA 学员的调查，结果表明，在情形 1，选 A 的占 30.6%，选 B 的占 69.4%；在情形 2，选 A 的占 15.3%，选 B 的占 84.7%。看起来，只有少数人，区别对待情形 1 与情形 2，做出不同应对。

这意味，大多数人无视情形 1 与情形 2 中，主持人有着不同的动机，采取了几近相同的应对策略。换或不换，得到轿车的概率是否会有不同？当主持人的动机，从让游戏更有趣（每次都开门）变成不想让你得轿车时，你的做法是否需做相应改变？

在三门猜想中，随机选定一扇门，坚持不换门，得轿车的概率为 1/3。若选择换门，在情形 1 中，得轿车的概率为 2/3；而在情形 2 中，得轿车的概率为 0。由此可见，最佳做法为：在情形 1 选“换门”，而在情形 2 选“不换门”。

主持人每次都开门时，选择换门；主持人不想让人得轿车时，选择不换门。这一结论，更符合理性逻辑。但有趣的是，每次课程中，即使笔者通过列表计算等阐明了这结论，总有人还是想不通，仍坚信自己的“不换门”直觉是对的。

这看起来似乎是概率计算问题，但实际上更重要的是动机与行为推测。面对动机不一的他人，一般应该有不一样的应对。显然，遇上帮手或对手，对策应该大不同。多方博弈，需尽量弄清各方关系与动机情况，然后才可能适当应对。

有道趣味数学题：三人投镖游戏，每人用飞镖攻击他人的气球，气球被戳破者出局，最后幸存者胜。三人的命中率水平分别是 80%、60%和 40%。最终谁最有可能获胜？按照一般的理解，如果是两两循环赛，自然命中率最高的人胜出。

若考虑到多方博弈，三人同时赛，情况就会变复杂。一种情况是，每个人都想把另外两个对手中的强者干掉，其结果是水平最高的老大最易出局，水平最差的老三最安全。另一种情况是，其中两人私下搞联合，结果可能又会有不同。

由此可见，多方博弈中，存在群体互动，个体的强弱并不绝对决定最终的输赢。例如，在强者恶斗的环境中，被各方忽略的弱者反而易生存。在投票选举中，若党争严重，各打小算盘，则大家都不看好的人，可能最终反而得票最高。

业态共生

不同地区或国家的社会经济协同共生，需解决生存、风险、互赖等一系列问题。以下“小镇难题”的讨论，揭示了财富本质就是，有用物品或创造有用物品的能力，业态共生的核心在于社会生产力、大众消费力、生态承载力的适配。

为了营造业态共生的良好环境，人类必须加强自我修炼，打破贪婪、私利、短视之局限。以下关于“投资悖论”的讨论表明，对于整个社会来说，当每个人都想通过投资“以钱生钱”时，无意中就会忘了满足人们需要的价值创造！

探讨社会整体的业态共生问题，需突破分割主义、短期导向、局部观点等定势，聚焦产业链多环节关系的处理。以下关于“互惠互赖”的讨论，涉及资源、就业、利益等竞争与分配矛盾，试图揭示业态随时间演化的持续发展规律。

小镇难题

有甲、乙两个小镇。甲镇占有先天资源，拥有大量的宝藏，结果世代富庶，人们坐享其成，日子过得非常安逸。乙镇先天资源欠佳，几无财富积累，结果世代勤俭，人们自食其力，日子过得倒也安稳。一开始，两个小镇之间，尽管贫富悬殊，各自“鸡犬之声相闻、老死不相往来。”

后来，两镇有了相互了解。甲镇发现乙镇的东西价廉物美，乙镇发现甲镇的人手中很有钱，这样，双方开始了贸易交往。交往久了，人们发现，甲镇的实际人均消费水平得到了进一步的改善，乙镇的实际人均收入水平得到了迅速的提高。

又经过了很长时间，甲镇发现原先自己手中所拥有的资源与所积累的财宝已经消耗殆尽，没有钱再继续维持现有的消费水平了；乙镇发现自己手中多了很多金银，只是许多原来可以很容易地卖给甲镇的东西却卖不出了，因为甲镇的人没钱了。

面对以上情况，出现了一些中介机构，通过游说甲、乙两镇的人，提供将乙镇的金银借给甲镇的相关抵押、担保、评估、保险、债券等服务。这样，甲镇就能凭借着一直有钱并能够付钱的信誉，通过向乙镇出具借款凭证并承诺付息的方式，从乙镇赊购东西，继续维持着原有的生活与消费习惯。

渐渐地，甲镇的人形成了新的凭借钱维持原有高消费的习惯，快乐地享受着当下的丰裕物质生活；乙镇的人形成了为赚钱而更加努力促生产的习惯，内心充满着未来的生活定会更加美好的憧憬。就这样，甲镇从原先的吃积累变成了吃未来，乙镇从原先的赚金银变成了赚凭证。

如此方式，又持续了很长时间，直到有一天，甲、乙两镇突然发现，基于双方所具有的实际偿付能力考量，仅按目前甲镇累计所欠乙镇的钱计算，即使不考虑支付利息，甲镇也需要此后很多辈的不吃不喝不消费，才能勉强偿还乙镇的债务。

对于以上甲、乙两镇贫富轮回、实力易位过程，小镇的领导、居民、中介机构等各方的行为，在其中分别起到了怎样的作用？目前，甲镇承诺的欠债凭证几成废纸，将使得乙镇积攒的巨额财富几近消失。作为甲、乙两镇的领导，居民或中介等，该如何化解这一困境？原本可采取哪些事先的防范措施？

对于以上两镇困境，或有这样几种化解方法：一是劳务补偿，让甲镇的人通过劳动来偿债。问题在于，甲镇的人，其消费能力远强于生产能力；而乙镇的人，生产能力远强于消费能力。目前甲乙两镇产需平衡，甲镇提升产能所增加的产出，可卖给谁？

二是文化调整，让乙镇的人逐渐学会更多消费、享受生活，甚至鼓励人们学习甲镇的寅吃卯粮、超前消费的做法，从而达到消化自身产能的目的，同时也可吸引甲镇提升产能，生产出更多的有用物品，用以偿还此前所欠乙镇的债务。

三是能力提升。因无力偿还乙镇的巨额债务，甲镇信誉丧失，只好宣布破产，而乙镇在无奈之中，只好承诺免除甲镇部分债务，提供进一步借款，解决甲镇的赤字危机，帮助其渡过难关，振兴或重建其产能，以积累能偿还乙镇的财富。

以上讨论表明，对于个人来说，关注投资、生产、挣钱，似乎都可起到财富积累的作用。但对于一个地区或国家，生产与消费均属流量性质，具有不可储存的即时性特点，若只考虑赚钱而缺乏消费，最终积累的纸上财富或很难变现。

从区域互赖关系看，只关注企业竞争力提升，不重视大众消费力改善，当一个地区或国家所赚的钱，远超人们的实际消费所需时，其多余的都将只是名义上的对于金融资产的所有权，只代表一种心理感觉，而与实在的物品消费无关。

基于可持续的考量，对于人类全体来说，过度强调提升消费水平，如果没有技术进步的支撑，最终或会超越环境生态的承受力。从这个角度看，区域或国家社会经济发展，追求适度的生产、消费，才有可能实现生态的持续良性循环。

实际上，类似以上两镇的问题，也存在于国家之间。例如，中国与美国，德国与希腊，一方似忙碌的“小蚂蚁”，辛勤劳作，省吃俭用，贸易盈余，成了债权人；另一方如快乐的“大蟋蟀”，花钱成习，寅吃卯粮，财政赤字，成为负债人。

如此出现的债权、债务关系，看似有点荒唐，在物物交换的经济中，绝不会发生。全球化经济中，有金融信贷支撑，才可边债台高筑，边放手花钱。只是长期看，各方实力不平衡，负债难清，债权折损，类似欧盟各国的关系就极难维持。

货币金融市场的存在，易致实体经济虚拟化。虚幻迷人的赚钱游戏，会让人忘掉支撑货币或债券价值的根本基础，在于社会的创造价值能力，甚至还会在无意中忽视区域经济持续发展的根本在于，社会生产力、大众消费力、生态承载力的协同。

结合以上分析，具体考虑甲、乙两镇的问题，如果不从根本上解决两镇的生产与消费、收入与分配的结构平衡、跨期持续问题，贫富轮回总是难免的。这意味着，区域发展难以独善其身，生产与消费、收入与分配存在着互赖共生关系。

投资悖论

做生意，使生活有意义，传统的创业者创的是实业：6 块钱买原材料，2 块钱加工，9 块钱卖给消费者，最后赚回 1 块钱。就这样，一些人通过做生意攒了些钱，另一些靠劳动与节俭存了点钱。有了钱，放在家中总觉得不安全，存在银行又担心要贬值，就想投资多生点钱。一开始，做投资，先寻找缺钱的创业者，到后来，有些人积累的钱更多了，而实在的创业者又不需要那么多的钱，怎么办？这就有了庞大的现代创投业！

现代创投者玩的是资本，创造的是投资或投机的机会。创投无须特别关注实业，不管是何物，只要有下家，能够低价进、高价出，就可作为投资或投机品。看得见的实物，土地、房产、煤炭、石油、绿豆、生姜、大蒜……看不见的凭证，股票、期权、外汇、债券、基金、指数、理财……均可成为钱生钱的工具！就这样，创投加资本，不断编造致富的故事，销售着美好的预期，玩着令人心动的低价买进、高价卖出的赚钱游戏。

如此好事，人们趋之若鹜。想以钱生钱，相信能以钱生钱，真的以钱生了钱的人，似乎越来越多，好像一切都非常美妙，这使得人们越来越相信，信心真的是黄金，梦想很容易成真！直到某天某时某刻，有人突然发现，自己手上的投资品或投机品，因为经历过的转手次数实在太多，价格高得根本找不到下家了，这才猛然觉得似乎有些不对头，手上持有这些既不能吃又不能喝的各类金融凭证等东西，根本就没有什么实用的意义！

当价格恐高症在人群中逐渐蔓延，变得越来越严重时，对投资品或投机品的抛售就开始了，人们唯恐避之不及，想逃离市场的人远多于想进入市场的人，市场开始降温、萎缩、衰退、萧条。也就在此时，其中一些在此前高位成功转手而赚了大钱的人，又开始蠢蠢欲动地寻找新一轮的创投机会了。这种基于信心涨落的游戏玩久了，当有人拿着赚到的钱去市场，想作为消费者真正买点什么有用的东西时，这才发现市场上能做出好产品的实体企业似乎并不多，因为人们的心思已经根本不在实业上了！

许多做实业的传统创业者，早就在现代创投者的示范下，在听闻别人投资轻松赚大钱的诱惑下，也跟着去学钱生钱的“空手道”，在学到一些能够在资本市场快速致富的所谓绝招后，就采取了类似于玩资本的手法，开始玩实业。这样，急功近利、从众盲动，哪里赚钱就往哪里冲，看到哪个行业或业务好，大家就蜂拥而上，直到将此行业做滥、做坏甚至做死为止。

事实上，离开长期的潜心努力，又怎能做出真正的好企业、好产品？当人们对靠资本运作、巧取豪夺的金融业者顶礼膜拜，而称创造产品满足社会需求的企业为血汗工厂；当处于强势地位、少受约束的金融巨头越来越多地挤占实业盈利的空间，使普通实体经济从业者越来越相对贫穷化时，必然会进一步吸引越来越多的资本，放弃真正创造能够满足人们生活需要的实业，进入在生产者和消费者之间制造障碍、创造壁垒的中介领域。例如，既不生产大蒜，也不消费大蒜，却能通过折腾大蒜，通过引发市场振荡从中赚大钱。

事实上，过度膨胀的投资或投机，在满足人们当前贪婪与自私的速富欲望的同时，挤干了社会对于未来的长期发展的希望！它迎合了资本的胃口，削弱了实业的潜能。也许正因为如此，看到了每隔一些年就会出现全球金融危机，许多发达国家的政府不断采取措施，越来越加强对于金融业的整肃与限制，甚至直接出台了限制金融业薪酬的政策。这样做，若能使得更多的精英人才流向实业，则对于整个经济的长期发展来说，真可谓是善莫大焉！

对于整个社会来说，如果贪婪、自私和短视成为时尚的追求，人们关注身家资产的增值甚于关注有趣思想的涌现；创业者、创投者办企业，更关心怎么包装，只为早日上市，然后卖给下家成富翁；各地政府更多地希望争取中央的支持，以成为规划中的区域、国家乃至全球的什么中心！可以推想，长此以往，忽视甚至离开强大实业的发展与支撑，那么所谓的什么中心也就容易蜕变成虚无的欲望、梦幻、泡沫的制造中心！

互惠互赖

业态、产销，存在互惠互赖共生关系。例如，投资若能带动产能提升，增加社会就业，生产出满足市场需要的产品，就可为企业及投资者带来回报，提升员工收入，形成更多市场需求，如此引发进一步产能提升，可致经济良性循环。

互惠互赖关系的本质在于，互通有无，供需匹配。任何单向的人、财、物流动，都很难持续。就如前面小镇难题所揭示的，金融资产的单向流动，商品与服务的单向提供，发达地区对不发达地区的单向支持，离开了双向对流，都难持久。

业态良性循环的关键在于，企业创造价值所带来的收入，要能够在员工中合理分配。如果极少数人获得收入的绝大多数，绝大多数人只获得收入的极少数，那么，因为贫富悬殊现象的存在，损及市场需求的规模，易致发展不可持续。

伴随着经济全球化，社会财富与资源进一步加剧向少数人集约，其长期后果堪忧。论消费，穷者钱少不够花，富者钱多花不完；论投资，现有产出卖不完，企业产能多过剩，富者投资无出处。如此一来，需求不足，产能过剩，或成大趋势。

一般来说，要想国富民强，只有两策：一是培训创富本领，二是社会有福共享。纯粹依靠市场竞争，或能带来效率提高，但无法解决共同富裕问题，因为财富分配多凭力量博弈，结果少数人获得大部分收益，大多数人变得越来越穷。

共同富裕，需国家干预。研究表明，过去几十年时间里，随着经济发展，贫富悬殊缩小的国家，世界上只有两类：一如德国，重人才培养，以技术立国，人人有本事，企业实力强；二似挪威，凭石油收入，设国家主权基金，请能人打理，赚的钱大家分享。

进一步考虑到，体现在表面上的经济全球化背后，实际上存在着利益本土化的政治博弈，市场竞争、资源抢夺、贫富悬殊问题的激化，说理、利诱、洗脑、结盟等解决方式均无效时，自然就会导致军事较量，最终多凭拳头实力相拼。

社会良性互动，持续合作，互惠共生，缺实力支撑，仅凭美好愿望，定然不行。在善良的人群中，可用信任换信任；在争斗的人群中，需凭力量定乾坤。应对国家、族群、宗教、文化等冲突，弱者难有话语权，增强自身实力是根本。

第四篇

决策践行——落实

第 7 章　行思习性

第 8 章　组织惯例

前三篇讨论决策前提、依据、情境，本篇决策践行——落实，从决策行思过程出发，第 7 章“行思习性”聚焦个人层面修炼，第 8 章“组织惯例”关注企业环境营造，以破解因决策“无行”而致“做不好”之现实难题。

具体地，第 7 章行思习性，聚焦决策思维与行动的关系，试图弄清——人们无意识中是如何化解思行冲突的？如何识别与消除现实存在的知行背离现象？当个人成为团队一员时，其思维与行为表现为什么迥异于独立个体？

第 8 章组织惯例，聚焦决策环境氛围与过程机制，着重探讨：企业作为整体，对个体行为进行引导时，需遵循怎样的指导原则？为提升群体决策水平，需建立怎样的议事规程？如何让决策原则与规程能随实践变化与时俱进？

对于重要决策，领导者的洞见修炼，既需矫正“陋习”，防止无意识中的“忍不住”，做了理性上认为不该做的事；也需调整“懈怠”，解决无意识中的“太拖拉”，结果致行动迟缓，贻误了理性上认为该做的事。

现实中，该做的做了，不该做的没做，属于理想的决策状况，也正是领导者所希望的。克服人们有意无意中存在的决策“陋习”与“懈怠”，需要洞见提前洞察或预见可能发生的情况，这才有可能采取适当的应对措施。

关于行思矫正与调整，从个体角度看，就是发现知行背离，利用行思互赖，对其加以调整；从整体角度看，就是通过引导正向行为，制约负向行为，构建良好的决策氛围与议程。如此不断实践，与时俱进，习惯成自然。

第 7 章　行思习性

人们的行动与思维，存在着相互作用关系，有着许多很难自察的内在心理机制，如尽量说到做到、应该投桃报李等。这些机制，既会自动触发，也易被人操纵：通过影响人们对于行为的价值认知，实现改变人们偏好直至行为的目的。

改变人们对于某些事情的行为偏好，就可使其做出你所希望的事，这就是影响力产生的心理基础。据说，在圣诞节前后，有儿童玩具公司这样做促销：节前先在电视上做广告，宣传甲款玩具，以此吸引家长带孩子到商场中去买玩具。

当家长带着孩子到了商场，却发现甲款玩具缺货，家长只好为孩子买了该公司的乙款玩具做补偿。过完圣诞节，该玩具公司又在电视中推甲款玩具广告，重新唤起孩子对这节前没买到玩具的兴趣，家长无奈，只好再领孩子去商场。

此次家长带着孩子到商场时，如愿买到了孩子期盼的甲款玩具。在此过程中，公司利用家长说到做到的心理机制，先是故意缺货，让人买了乙玩具，然后再吸引人第二次进商场，最终买下此前承诺过给孩子买的甲玩具，如此先后卖出了两个玩具。

对于以上玩具公司的做法，如果放到商业伦理层面来考虑，可能就涉及有点刻意诱导、故意让人多掏钱的问题，基于可持续发展考量，或许并不可取。这有点类似一些公司，产品性能早已能够满足人们的实际所需，却仍通过不断的功能升级逼人更新。

在这方面，一些特别针对老人的保健品销售骗局，就做得更过分了。先是通过免费体验或派发各种所谓的“保健品”，让人产生受人恩惠的感觉，从而在销售员真的要收钱高价出售时，无意中会觉得应该投桃报李，以回报此前的免费馈赠。

实际上，即使是简单的免费试用，通常在无意中也会让人觉得不好意思，很想买点什么才会心理平衡些。更何况，若一直接受所谓的免费赠送，得到了许多被吹得神乎其神的“宝贝”，人们自然就易在互惠回报心理的作用下，无意中买下许多无用东西。

一般地，在人们的思维与行动，如态度、信念、行为之间，存在着这样几种关系：一是，有意识中，人们说过或做过的，都会找理由自圆其说；二是，无意识中，人们有时会出现知行背离的情况；三是，团队决策易致聪明人办傻事，需构建群体智慧。

自圆其说

人们决定做什么或不做什么，大致上都是有理由的。一是，冠冕堂皇的说辞；二是，内心的真实想法；三是，潜意识中的态度。这三类不同的理由，有时能相互协调、共同指导人们的行动，另有时或相互冲突导致行动与思维的失调。

自圆其说的原因在于，人在无意识或潜意识中，更倾向于言行或思行一致，这样自己内心才会感觉更协调，这一情况被称为认知协调。一旦出现认知失调的情况，人们就会努力改变行为或调整看法，以重新回到认知协调的状况。

利用这一特点，若想让人做点什么事，或者想改变人对做某事的看法，可有两种方式：一是改变其对事情的看法，从而影响其做事的动机，实现促其做事之目的；二是设法让其采取行动去做事，借助于付出行动的投入，自然改变其对做事的看法。

酸葡萄心理

有时人们觉得某事值得做，也很努力地去做了，但结果却没做成，为了减少认知失调而致的挫败感，人们就会转而调整自己对于事件本身的看法，将此事解释为没有必要做。这种倾向，类似于吃不到葡萄就说葡萄酸，通常就称为“酸葡萄心理”。

詹姆斯·马奇认为，愿望对于决策结果或现实具有适应性，人们会学着去喜欢他们所得到的东西，以降低因期望过高而可能导致的对决策结果失望的程度。决策者不仅会调整他们的愿望水平，还会调整对什么是“有价值”的定义。

人们经常面对许多抉择，很难做到尽如人意。受困于决策后果的得失，纠结于过往决策的成败，就会在无形中影响对于未来重要决策的思考。经由自我合理化，为自己的失误找到貌似“正当”的理由，可让人们获得内心的从容淡定。

比如，当人们缺乏自信或找不到方法实现所希望的目标时，就会采取贬低目标本身价值的做法，以使自己可以心安理得地适应实现不了目标的状况。“如果我做不了，一定是事情没必要”，如此自我赞许式的心态调整，有助于自我超脱。

一般地，关于能否搞定一件事情的信念，也反过来影响人们做事的欲望动机。对于完全不可能或很难实现的事情，人们的需求无意中会减少！“一朝被蛇咬，十年怕井绳”，经历过特别严重的挫折，可能会让人印象深刻，此后变得谨小慎微。

不管做或没做决策，无论决策的后果好坏，人们都可通过自圆其说，找到理由让自己感觉良好。尽管这有助于人们减轻痛苦，走出困境，但若过于罔顾现实，沉浸于自我陶醉，就有可能变成自欺欺人，从而在无意中滑入自我陶醉、过度自信的决策陷阱。

禁果分外甜

有时，人们对做某事原本并无什么动机，后来只是因为此事不让做、很难做等，结果使得做此事变得很稀罕、很有挑战性，无意中产生了逆反心理，觉得做此事特有意思，激发出了很想做此事的强烈动机，这称为“禁果分外甜”。

与禁果分外甜的心理相反，对于容易得到的机会等，人们往往会显得不太珍惜。例如，公司中人人有份的福利，大家可能并不珍惜，但若将福利政策调整为，只有优秀员工才有资格获得，一般员工不能享受，人们的感觉或许会有不同。

再如，对于经受“过五关斩六将”式的层层筛选淘汰，最终好不容易才得到的工作，就像经过艰难困苦才赚来的钱一样，人们会格外珍惜。相反，对于一份很容易就可获得的工作，随手买彩票而中奖得到的金钱，人们往往会不太珍惜。

基于“禁果分外甜”的考虑，有时可以运用逆向思维的方式推动决策。例如，某地为推广一种新的经济作物，采取大会、小会动员的做法，但结果应者寥寥；后来故弄玄虚，只允许少数干部试种该作物，结果却引来了其他人的纷纷仿效。

据说，普鲁士时期，国王想推广种土豆，起初采用强制方式，农户逆反更不愿种。后来强调土豆金贵，只许王室种植，表面上派士兵严格看守，私下里让士兵睁一只眼闭一只眼，如此吸引农民到地里偷土豆，使得土豆种植得以迅速普及。

实验表明，在动物园中，给有些动物提供的食物，若非常充分，且很容易得到，动物无意中就不太会珍惜，结果不仅吃不饱，还多有浪费。若是故意将食物藏起来，让动物不易发现，需要费点心思去找寻，才可吃得到，如此一来，动物反而吃得饱。

饥渴营销中，有些所谓的高端俱乐部，会故意设定严苛的准入门槛。例如，要想入会，需要缴纳超贵的年费，必须经过数位资深会员的引荐等。这样一来，若你经过努力，最终得以加入，结果发现名不符实，怎么办？是否会决定马上退出呢？

只需想一想，你自愿交了许多钱，还找朋友推荐，经过烦琐的资格审查流程，好不容易才加入，这一点大家都知道。而没过多久却说要退出，这不太好意思开口吧？如此会不会让别人笑话，你是没事找抽？这样一考虑，就只好说这个组织不错，不退出了。

有些组织，如美国的军校、大学兄弟会等，设计了故意折磨人、让人丢脸的入会仪式。这看起来似乎有点让人难受、令人讨厌，但只要屈辱甚或痛苦的经历基于自愿选择，则经历过这样磨炼考验的人，反而会对组织有更强的认同感。

做了自有理

人有这样的行思倾向，总是试图做正确的选择，或者努力证明选择的正确。若行动上付出了努力，则即使结果发现做了蠢事，也会找理由证明此事很有必要做；若最终彻底把事情办砸了，没能达成预想的结果，那就会索性这样说，此事根本没必要做。

“想让人喜欢，先找人麻烦。”许多情况下，人脉真的是麻烦出来的。试想，一个原先你觉得有点不待见的人，主动找到了你，麻烦给点小帮助，因不太好意思拒绝，你只好伸出援手。这样的事，做多了、做久了，你对此人的看法，无意中是否会改变？

如果你为一个人提供了许多帮助，这种行动无意中会如何影响你的思维呢？一般来说，你会让思维给自己行动提供自我合理化的解释。例如，此时若自问，喜欢这个人吗？就更有可能回答喜欢，因为若回答不喜欢，却为其做了那么多，似乎就有点说不通。

借鉴以上原理，可以用来影响人的行为，有时甚至能在无意中突破对方的心理防线，起到缓解紧张人际关系的作用。现实中，可能会遇到这样的情况，因为各种复杂的原因，有人对你抱有成见甚或敌意，使得双方关系略显紧张微妙。

一般人们会采取这样的做法，这就是通过主动示好，试图以此改善双方关系。只是这样做的效果并不好，有时还起反作用，因为别人可能会觉得这是拍马屁。不想与你结交还拼命巴结，就好似谈恋爱时遇到的单相思，或会让人更讨厌。

有时，年轻人在单位中，并不希望介入党派之争，希望能够就事论事，与更多的人一起愉快合作，能把工作做到位就好。但可能还是有人会觉得，你是属于某一派系的，就因谁招聘、培养、提拔，甚至欣赏你等，而对你产生成见。

本杰明·富兰克林在其自传中提到这样一件事，长辈之间似乎有门派，而他并不想站队。考虑到一位很有影响力的长者，好像对他有点不待见，富兰克林特意上门，找该长者借书，阅后诚心请教并致谢，如此这般，双方渐成忘年交。

在这里，富兰克林所采取的是麻烦对方的做法，而对方又不太好意思拒绝一个后辈的请求，这样一来二往，长者无意间似乎帮了他很多忙。此时，长者若自问，我借给这位年轻人这么多书，还回答他很多问题，我内心真的讨厌他吗？

显然，如前所述，如果回答是“讨厌他”，这就不符合逻辑，那只好反过来想我是喜欢他的。这就是说，帮一个人的忙帮多了，慢慢就会接纳你所帮的人。由此看来，谈恋爱的人怎么做才好呢？该想方设法，多找自己喜欢的人帮忙。

让对方帮你的忙，帮多了，自然就会觉得好像喜欢你；反之，不让对方帮忙，对方没有情感投入，自然不可能喜欢上你。按照这个逻辑分析，若遇上大麻烦，最好找谁帮忙：是曾经主动帮过你很多的人？还是接受过你很多帮助的人？

找人帮忙，自然要找关心、喜欢你的人，找有侠义情怀的人。那么，以上提及的主动帮过人与受过你很多帮助的这两类人中，哪类人更可能伸出援手呢？显然是曾经主动帮助过你的人。危急时刻，生死攸关，需要大爱，难凭知恩图报。

据说，“二战”时有个犹太人家庭遭迫害，分别派大儿子和小儿子去寻求帮助。大儿子去找曾经帮助过自己的人，获救；小儿子去找自己曾帮助过的人，被出卖。这说明，愿意帮助你的人，更可能继续帮助你，而惯于受惠的人会更想受惠。

助人者，其行为已证明其德行品性；受惠者，其德行品性则未经检测。感恩的人，或会受惠图报，但也需看其实力及要付出的代价，如果大恩难报，会否让受惠者愧对，结果反成大仇？如此看，面临危机，就更不能指望受惠者回报。

古人云：“大恩不言谢，深恩几于仇。”知恩图报是基于理性的互惠思维，热心助人是出自本能的价值偏好。前者多精于算计，后者凭道义情怀。在此需提醒，落魄时遇到的热心相助，通常不易掺假；顺遂时多见的关心热情，或许难免虚幻。

人们做事，初始可能只是迫于环境，受到诱惑，并非发自内心。

但是做久了或做多了，随着能力提升，习惯渐成，就会在无意中喜欢上所做的事，而忘掉原有的动机。如此看来，做事投入其本身，有可能成为继续做事的理由，此即“做了自有理”。

从这个角度看，家族企业在考虑代际传承时，一开始可以不必强求子女一定喜欢接班。即使初始有点勉强，只要能让其参与企业经营，坚持下去，最终做多、做久了，情感上投入，工作慢慢适应，内心渐生欢心，接班自然就水到渠成。

对于个人来说，接触一件不熟悉或不习惯的事，初始内心总会有点抗拒，甚至感觉些许不喜欢。而如果此事一定要做，那就不要抱怨，只需先做着，可能慢慢地做着做着，就顺手了，感觉就会变得蛮不错，如果随之偏好发生改变，内心或许也会变喜欢。

有时，问题太复杂，众人看法分歧，达成共识不易。面对这种情况，若带领团队做事，不要试图先讲清道理，以免让人觉得被强加，或许最好的做法就是先让人们行动起来，大家一起去做事，也许在做的过程中，方向就自然地明晰了。

动机可转换

在一项著名的实验中，让大学生们去解决难题，其中一些有报酬，另一些没有。结果发现，在实验结束后，没报酬的参与者会继续解决这些难题，而有报酬的参与者就放弃了任务。在这里，报酬似乎影响了对于解决难题本身的兴趣。

当收入水平达到甚至超过一定水平后，仍然持续强化薪水之类的“外在激励”，会在无形中弱化人们对于工作本身兴趣之类的“内在激励”，结果反而降低人们对于工作的满意度。薪水越高，人们越难将工作自圆其说成是为兴趣。

调查表明，就对于自己的工作感到非常满意的可能性而言，认为工作能让自己创造经济价值的人，比不这样想的人高大约 4 倍；为工作感到骄傲的人，是不感到骄傲的人的 10 倍多。这意味着，工作不只是挣钱的手段，其本身也能让人快乐！

故事说，某住房的窗外有一块草地，每天下午放学后，总有一群小男孩在那里踢球，踢得高兴时，群情激昂，大叫大嚷，好不热闹。思考了几天后，喜欢安静的住户想出了一个办法。当孩子们再次来踢球时，他给了他们每人 1 元钱。

因为有钱拿，孩子们踢得更起劲了。次日，当这群孩子来踢球时，他微笑着对他们说，由于没有零钱，只能给他们每人 5 毛钱。第三天，当孩子们再次来踢球时，他告诉孩子们，大额零钱花光了，只能给他们每人 1 毛钱意思意思了。

结果孩子们抗议了：“只给 1 毛钱，就想叫我们踢球，没门！”在这里，开始时，孩子们只是为了兴趣而踢球，这种内生的动力具有持续性。而后来住户给钱，使他们变成了似乎是为钱而踢球，这样，当给的钱太少时，就变成没动力踢球了。

某公司有一个跨部门的新产品研发小组，小组成员基于兴趣自发积极投入，大家觉得项目对公司未来发展意义重大。后来，公司领导得知此事，在一次大会上公开表扬，并声称要结合新产品研发的进度，从优考虑小组成员的待遇等。

尽管会议过后，该领导很快就忘了自己所讲的话，但项目组成员却不时听到所在部门同事的闲话，觉得他们的努力投入只是为了高额的回报。因此，后来多名小组成员退出了研发小组，而仍留在小组中的成员，也失去了原有的激情。

在这里，一个更多基于个人兴趣等内在驱动的研发小组，由于领导的讲话，强调了外在激励，弱化了内在兴趣，再加许诺的外在激励最终又没能真正落实，实际上就使得外在与内在的激励均失，引发了自发兴趣小组名存实亡的后果。

坚持与放弃

在市场整体饱和、总规模几乎稳定不变时，企业遭遇生存攻坚战，此时坚忍不拔、屡败屡战，或许是争取更多业务的良好策略；在市场潜力很大、规模正在不断扩大的情况下，集中力量于优势领域，抢先占领更大的市场，或可实现更快速增长。

有一个对美国电话推销员的统计表明，44%的推销员会在第一次电话被拒后就打住，24%的推销员会隔几天再去一次电话，14%

的推销员会第三次打电话，12%的推销员会坚持到第四次碰壁。这意味着，有 94%的推销员最多尝试 4 次即放弃。

但对购买过电话推销产品的家庭所做的统计则发现，60%的家庭是在接到推销员至少五次电话后才决定买商品的。由此可见，4 次失败后仍坚持打电话的那 6%的推销员，拥有 60%的市场，而提前放弃的那 94%的人，拼抢的只是 40%的市场。

据说，美国保险业巨头法兰克·毕吉尔，刚开始从事保险业时一帆风顺，但很快遭遇“瓶颈”，无论怎么努力，积极登门拜访客户，业绩还是难以再提高。通过翻阅自己的工作笔记，仔细分析思考，后来终于找到问题症结，从而实现了再创奇迹。

原来，在自己的工作日志中，他发现了这样一组奇特的数据：在他所卖的保险中，70%是第一次见面成交的，23%是第二次见面成交的，只有 7%是在第三次见面以后才成交的。就是这最后的 7%业务，占用了他一半以上的工作时间。

正是认识到了这一点，他迅速调整自己的做法，采取新的推销策略，这就是果断放弃那 7%的利益，腾出大量的时间用于新业务的拓展。新的推销策略，为他带来了更大的成功。将更多的时间花在优质客户上，这就是他的成功秘诀。

知行背离

一般情况下，人们总是希望自己所想与所做的能够一致，这样会感觉更自在些。现实中，却经常发现有人说话不算数，也就是似乎知行背离，这其中除了有些是客观情况变化所致，或是故意忽悠人所为，还有些则是无意识中发生的。

无意识发生的知行背离，并非人们刻意所为，甚至也非内心所愿，但却会在不知不觉中发生。之所以出现这种情况，通常是因为受到认知、情感、本能的无形影响，才使得人们的实际即兴行动，偏离了冷静理性得出的逻辑分析结论。

以下将借助问卷测试的方式，先运用前瞻分析以弄清人们的理性判断，再运用经验回顾以发现人们的实际所为，然后通过对比理性判断与实际所为，识别其中可能存在的无意识知行背离，最终为实现知行合一提供有针对性的解决方案。

急智与防患

问卷 7-1　文武经理

在某公司召开的高层主管会议中，大家正为提拔人的问题争得面红耳赤。一部分人赞同提拔武经理，认为他为人灵活、敏捷，有许多辉煌的纪录，例如，他在工作中曾遭遇过无数次危机，结果都以高超的手法消解于无形，使问题得到圆满解决。

另一部分人赞同提拔文经理，觉得他尽管看起来并不十分聪明、机敏，似乎也没有什么特别辉煌的事迹，但却能以沉着冷静的态度防患于未然，注重管理细节的落实，使得所分管的工作的业绩稳步上升。

如果只能在文、武经理中考虑一位，请问你主张提拔谁？

A. 文经理　　　　　B. 武经理

对于问卷 7-1，根据笔者对 2648 名在职 EMBA、MBA，以及各类企业高管或总裁班等学员的调查，其中：74.4%主张提拔文经理，25.6%主张提拔武经理。在其中的有些班级里，完成前瞻分析后，笔者提示大家回顾经验，想一想现实中人们更多提拔的是谁，重新对 A、B 做一次选择，这时所得的结果表明：反映到人们的实际行为上，29.1%提拔的是文经理，70.9%提拔的是武经理。

在这里，前瞻判断与经验回顾存在着很大的反差，似乎人们的冷静理性选择并不为实际行为所支持，其中存在着严重的知行背离情况。这种情况的客观存在，意味着人们的行为受到了某些不为人知或未注意因素的影响，对此必须引起决策者的充分重视。

之所以出现如上这种知行背离，其中的关键在于，如第 3 章“事实真相”所讨论的，受注意力稀缺所限，人们在认知上存在着偏差，决策中更易受到显著易得信息的影响。不妨考虑一下，在酝酿提拔的人选时，人们最先想到的会是谁？

在考虑“提拔谁”的问题时，若凭领导者的个人感觉，通常最容易想起的就是武经理，毕竟武经理的过往表现有点“英雄气概”，更易给人留下深刻的印象。而文经理则不太可能被注意到，除非领导者对基层情况有着深入的了解。

基于长期理性考虑，人们都知道，与事后的急智相比，事先的防患更重要。如《黄帝内经》所言：“圣人不治已病治未病，不治已乱治未乱，此之谓也。夫病已成而后药之，乱已成而后治之，譬犹渴而穿井，斗而铸锥，不亦晚乎!”

防病重于治病，不仅人之健康如此，决策管理亦如此。难题在于，如何防患？加强防患工作，首先需要的是洞察力与敏感性，能够真正做到见微知著，从那些并不显著易得的蛛丝马迹中，发现或者预见可能潜藏的重大问题的苗头。

在现实操作中，对于防患型工作，存在着识别、评估、考核的困难。曲突徙薪，事先做了许多工作，预防了问题的发生，可能会被认为没事找事；而抗洪救灾，现场应对，积极投入，画面动人，无意中更易得到认同，获得多方赞誉。

古人云：“天下之患，最不可为者，名为治平无事，而其实有不测之忧！”显然，在众人觉得太平和谐、形势大好时，你若预见到危机四伏、未来堪忧，站出来想做些改变，是不容易的。极有可能被其他人误解，觉得这是杞人忧天。

以上关于文、武经理的讨论，只是指出了现实存在的知行背离，并不涉及到底该用文经理还是武经理的判断。对于决策者来说，若内心真的想提拔文经理，在考虑用人决策时，就需多关注具体业绩，多听听众人评价，少凭个人感觉。

对于类似文经理这样的人，若希望能够引起领导的重视，以获得应有的提升，那么，平常就需注意采取适当的方式，加强与领导的沟通，至少能让领导注意到你的存在，在考虑提拔人的时候能够想得到你，这样才有可能参与公平竞争。

至于到底提拔谁更好，似乎应视具体情境。对于需要面对不可控环境的情况，通常无法事先防范，只能事后应对，或许危机英雄更适合些；对于可详细规划回避风险的情况，有可能事先运筹帷幄，做出应对预案，也许防患高手更合适。

对大公司来说，用人决策当属重大事项，甚至比选项目等都还重要，因为项目是要靠人去做出来的。德鲁克在《旁观者》一书中，提到了几个有关斯隆在担任通用汽车总裁时的故事，从中可以看到，重视用人决策，该有多么重要。

有一次，通用汽车的主管们，开会讨论了好几个小时，主题只涉及一个基层员工的工作和职务分派问题。走出会议室，德鲁克问斯隆：“您怎么愿意花 4 个小时来讨论这么一个微不足道的职务呢？”斯隆答道：“公司给我这么优厚的待遇，就是要我做重大决策，而且不失误。请你告诉我，哪些决策会比人的管理更为重要？我们这些在 14 楼办公的，有可能聪明盖世，但要是用错人，决策就无异于在水面上写字。落实决策的，正是这些基层员工。”所以，“如果我们不用 4 个小时好好地安排一个职位，找最合适的人来担任，以后就得花几百个小时的时间，来收拾这个烂摊子，我可没这么多闲工夫。”

在通用汽车高层主管会议中，对于用人决策，经常争论激烈。有一回，高管们终于达成共识，赞同提拔某个人，大家觉得此人危机应对能力强，而且……突然间，斯隆插嘴道：“你们说的这个史密斯先生的记录，可真是辉煌灿烂。但是，请解释一下，为什么他会碰上这么多的危机，尔后又处理得这么天衣无缝？”结果，大家无言以对。斯隆又说：“你们都认为乔治先生有很多不行的地方，那么，他是怎么取得今天的成就的？他到底有何能耐？”后来，在公司最艰难的时候，乔治走马上任成为一个大部门的总经理，果然成为有史以来的表现最杰出者。

类似于急智与防患，在评选先进中，人们无意中也会受到显著易得性的影响。一般来说，评选出来的先进总有许多可以上纲上线让人称颂的事迹，这样才有利于宣传推广。问题在于，表面上很容易看到的东西，实际上或许并非工作所必需。

某公司有两个并行的工作小组，有着不同的做法。甲小组，注重任务落实，讲求工作实效，并不显山露水，悄无声息达成目标。乙小组，将工作任务进行分解，变成各种安全周、质量月、生产竞赛之类的活动，轰轰烈烈地完成目标。

年底总结评比，乙小组因不仅有成效，而且有气势，被评为先进小组，全公司都学习其经验。只是后来才发现，乙小组的做法太过关注过程，形式多于内涵，在公司内推广后效果并不好，而低调的甲小组的业绩、能效等指标更为领先。

做事与为人

问卷 7-2　严任医生

某医学院附属儿童医院马医生手下有两个实习医生——小严与小任，他们都毕业于正规的 5 年制医学院儿科专业，但有着不同的工作风格。小严认真遵守法定工作时间，从不迟到早退，一丝不苟地做好分内工作，几乎杜绝了任何差错。小任特别勤奋，主动身兼数职，如给小病人量体温、喂饭，帮小病人的家长定食谱、送病人去拍 X 光片等，积极投入，经常加班加点，结果由于缺乏必要的休息而使自己疲惫不堪，还因此造成了一些工作上的失误。

年终到了，该医学院决定评选当年最佳实习医生。如果当年最佳实习医生的候选人只能在小严与小任两人中推选一人，作为马医生，你认为他应该推选谁？

A. 小严　　　　　　　　B. 小任

对于问卷 7-2，根据笔者对 2557 名在职 EMBA、MBA，以及各类企业高管或总裁班等学员的调查，其中：77.2％主张推荐小严，22.8％主张推荐小任。在其中的有些班级里，完成前瞻分析后，笔者提示大家回顾经验，看看现实中人们更多推荐的是谁，据此重新对 A、B 做一次选择，这时所得的结果统计表明：34.5％推荐的是小严，65.5％推荐的是小任。

在这里，前瞻判断与经验回顾存在着很大的反差，其关键在于，如第 4 章“情绪感觉”所讨论的，个人情感在其中起了主导的作用。有意识的理性考量，人们更关注的是业务能力、工作成效，而无意识的感性判断，则更关注人缘感觉。

研究表明，大多数人宁愿与讨人喜欢的傻瓜一起工作，也不想和有本事的讨厌鬼共事。若对一个人没有什么好感，人们就不愿与其合作，而根本不在乎其业务水平是否出色。遇到问题时，人们更愿找可亲的人帮忙，即使其水平不高。

领导者在委派职务时，必须考虑个人亲和力的因素。业务能力强而人际关系不好的员工，若经提醒仍无法改变自己的坏脾气，或可考虑将其安排到只需个人努力就能很好完成任务的岗位，甚至指派其去做业务整顿、机构重组的工作。

有人觉得，能力出众却不擅与人相处的专业人员，也是企业的宝贵财富。作为领导者，若只用自己喜欢的人，将不利于组织的发展。无意识中，对于与自己相似的人，人们更易惺惺相惜，但由相似的人组成团队，处理问题或更片面。

从个人的角度看，考虑到人的精力总是有限的，如小严那样集中精力，将分内的工作做到位，可给人留下具有良好业务素质的印象；而如小任那样热心过头，承担了太多事务，难有精力将每件事都做到位，会让人觉得业务水平一般般。

从组织的角度看，小严的做法或更适合分工严密、专业化运作组织的工作岗位，小任的做法则更适合组织整体管理松散、需要员工灵活主动的工作氛围。每位员工，都需根据组织整体运作的要求，弄清自身角色定位，做好本职工作。

从领导的角度看，需要根据各类人才的不同特点，安排能发挥各人特长的合适岗位，构建互补合作的工作团队。例如，一些研发导向的组织，可能特别需要有天赋的技术专家，对于这些专家，就可考虑搭配副手，以帮助其处理各种行政杂务。

实力与言行

问卷 7-3　司机谈判

在如图 7-1 所示的卡车运输游戏中，其中有两位玩家——甲司机与乙司机，各自的行动路线如图所示，其中的最近路以实线表示，绕远路以虚线表示。两位司机关心的是走最短的路，从而最快地到达终点，这样可有更大的利润回报。问题在于，走近路会遇到一段单行道，如果甲乙双方能够达成协议，轮流通过单行道，则是一个好办法；但如果双方不能达成协议，就有可能造成塞车，结果就会变成还不如绕道走远路更合算。

对于以下这样三种情形，你认为在哪种情形下，双方更易达成轮流使用单行道的合作协议？

情形 1：无控——甲、乙双方对单行道都没有控制权

情形 2：单控——甲或乙中的一方对单行道有控制权

情形 3：双控——甲、乙各掌握一个单行道入口的控制权

对于问卷 7-3，根据笔者对 2490 名在职 EMBA、MBA，以及各类企业高管或总裁班等学员的调查，从事先理性判断的角度看，有 14.1%选择无控，26.1%选择单控，59.7%选择双控。对于其中选择单控或双控的人，当被问到为何做如此选择时，有些人回答：因为此时自己掌握主动权，若能考虑对方利益，提出双赢方案，就

更容易被对方接受，从而更快地达成合作的协议。

在这其中的有些班级里，完成前瞻分析后，笔者提示大家回顾经验，考虑一下实际上哪种情形下更易达成协议，据此重新对 A、B、C 做出选择，1360 名学员的回答结果的统计表明：有 29.5%选择无控，37.0%选择单控，33.5%选择双控。

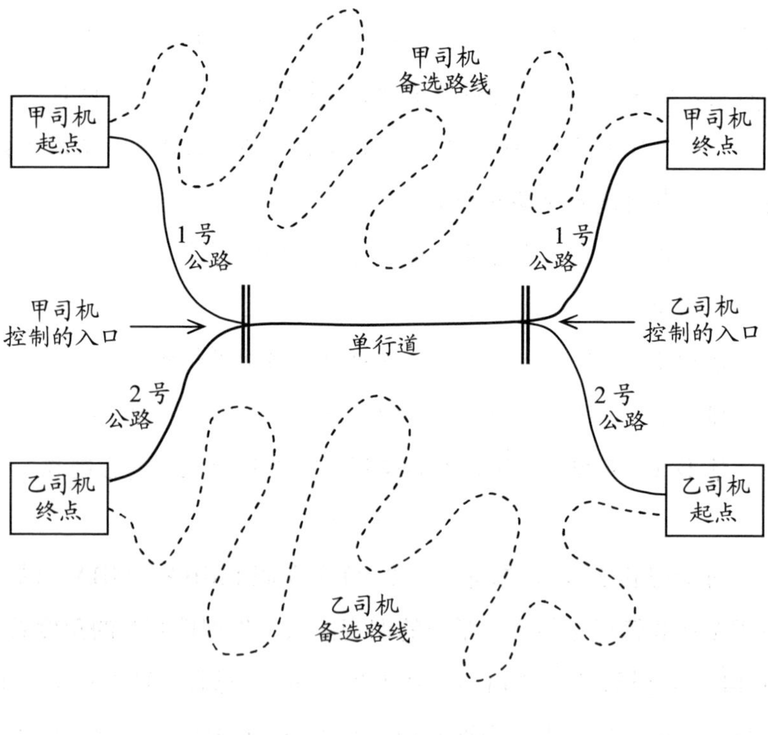

图 7-1　甲、乙司机运输线路示意图

对于问卷7-3，到底哪种情形更易达成合作协议呢？回答这一问题，需先了解一下人性的本能反应：第一，有力量的人与没力量的人相比，在无意识中谁会表现更谦让些？第二，与表现强势相比，谈判中谦让些，是否更有助于合作协议的达成？

显然，谈判双方若能表现谦让，更多考虑对方的利益，就更有助于合作达成；而没有力量者，更可能在无意识中表现出谦让。由此推论，双方“无控”时，更易达成合作协议。对于问卷7-3，回顾经验后，选情形3双控的比例少了许多，也证明了这一点。

现实中，经常见到的是两强相遇，互不服气，容易斗得两败俱伤。一强一弱，因为有一方退让，通常斗不起来；双方都弱，大家夹着尾巴做人，就更加斗不起来。进一步考虑面子的影响，双方越公开示强，越易撕破脸皮，结果或越难和解。

问卷7-3提出的问题，源自多伊奇、克劳斯的冲突与威胁谈判的实验，其中涉及了面子、个性、赌注、底牌与集体利益等。如果将问卷7-3中提到的控制权，就看成是谈判中的威胁力量，则由多伊奇、克劳斯的实验可以得到如下一般结论：

一是，双方均不能威胁时，更易达成合作协议，单边威胁次之，双边威胁最差。二是，个性上自信心弱、控制欲强、更好面子、赌注越大，谈判时就越不肯让步，越难形成协议。三是，（未经训练的）沟通不一定有助于协议的达成，但在双方均可威胁时，此前陷入谈判僵局的经历，会让人学会谦让，以利达成协议。

这意味着，尽管由本能所决定，有力量的人会表现得更强势，在谈判中更为不肯退让，但没有谈成协议的经历，定会使强势者接受教训，学会低调谦让，学会强而示弱。这正如实验所表明的，此前的谈判僵局，会让人吸取教训，学会此后如何更好谈判。

群体智慧

作为群体的一员，与作为独立的个体相比，其行思表现可能会呈现出完全不同于个体的群体特征，可简单地描述为“个性潜隐、群性彰显”。这里反映的就是社会等有机组织的本质特征，整体的特性完全不同于个体特性的简单叠加。

群体的类型非常多样，有类似一盘散沙、几无统一意志的乌合之众，例如，各种临时动员、随机爆发、缺乏整合的社会运动甚至暴乱等；也有高度协同合作、学习调适进化的精英团队，例如，基于生物本能自组织的各种蚁群、蜂群等。

群性，也有本能、激情、冷静、理性之不同，有些如长期修炼而成的惯例，相对来说稳定可预期，有些只是一时冲动而生的振荡，极具不确定，很难做预案规划。以下的讨论将聚焦组织中相对稳定的群体，而不考虑临时性聚集的乌合之众。

群体决策

与个人决策相比，群体决策有时会更有效，例如，在解决客观上存在正确答案的问题时，但前提是，决策团队中有对情况更了解的专家，而其他人又能够听得进专家的意见。而在涉及主观判断的领域，群体决策可能就不那么有效了。

群体中可能存在权威或领导，群体成员或有盲从倾向。在处理客观性问题时，可能听不进了解情况者的意见；在处理主观性问题时，更易被权威或领导的意见所左右。如此一来，结果就会导致群体迷思，在群体压力的作用下，会产生众智成愚的现象。

即使是由聪明能干的个体所组成的团队，也会做出相当愚蠢的集体决策。例如，在群体中，有人提出建议，多人积极响应，或者权威主导决策，最终拍板定案，这样一来，少数派的反对意见，通常就不太好意思表达，也容易被忽略。

在大家相互关心、尊重他人的团队中，即使决策充分民主，各人可自由表态，也可能做出并非众人所愿的决策。例如，当团队中有好心者，基于自己的猜想，觉得其他人可能有某种需要却不太好意思表达，就主动代为提出一个建议。

好心者主动提建议，考虑的是他人的需要，觉得这能反映众人的愿望；而团队中的其他人也觉得，或许这是大家所需要的，也就不再表示反对意见。就这样，基于猜测或默认的别人想法，团队最终或会做出实际上大家都不想要的决策。

涉及重大利益冲突时，群体决策可能会引发党争。此时若采取投票的方式做最终决断，就有可能使得看似非常民主的一人一票决策，实际上变成“多数人对于少数人的暴政”，也即借助多数人的力量，剥夺原本属于少数人的合法权利。

正因为如此，对于社会政治决策制度的设计，有哲人提出“不是追求最好，而是避免最坏”。这意味着，设计制度的原则不是考虑怎么让人做好事，而是考虑怎么防止个人做坏事。从逆向思维看，这不无道理，毕竟避害更关乎生存。

这表明，民主决策实际上是有前提的，一是，至少不能侵害少数人的利益，比如，不能以投票决定一个人的生死；二是，至少需要尊重客观规律，比如，对自己的健康状况不清楚，就需听权威医生的意见，而不是征求多数人的意见。

重大公共决策的做出，决策者需遵循保护最少受惠者的原则，要考虑如何保护弱势群体的利益尽量不受侵害，以维护决策的公正性。例如，注意了解最少受惠者、利益受损者以及少数派、缺席者、沉默者的反对观点，以防患于未然。

旁观冷漠

在群体决策中，有时因为众人在场，好像人人负责，结果反而变得无人负责，人人都成了旁观者。解决此类责任分散、旁观冷漠、免费乘客问题，可采取首问责任制、指定专人负责、成立一个“不管部”等做法，使没人负责的事，变成有人负责。

在社会决策上，还可以通过倡导集体主义、利他精神等，采取类似以下例子中提到的做法，如“日本连坐治酒驾”“美国植物园检举者奖”“国内某食品市场抓偷者奖”等，利用人们的无意识自利倾向，将更多的旁观者变成积极负责者。

与类似“违规者罚”可能存在执法难的问题相比，这些做法的一大特点是，能够吸引或激励更多的人主动参与管理，因而具有更强的可操作性。对此，目前我国的许多政府部门也进行了有益的尝试，比如，有些地方推出匿名反腐举报、查实有奖的制度。

据报道，为治酒驾，日本曾制定法律，除加大对酒驾者的惩罚力度，还规定，醉驾车内的乘客以及提供酒类或借车给酒驾者的人员，若知情不劝阻也要受惩罚。这样的法律生效后，仅一个月，醉驾引发的事故就比上年同期下降 41%。

据说，美国有个植物园，里面种满了各种珍奇名贵的花卉，每天都有大批游客前来观赏，时有花卉不翼而飞的事发生。但自从园方在门口竖起告示牌“凡检举偷窃花卉者奖励 200 美元”以后，植物园内就再未出现花卉丢失的情况。

国内某食品市场，频繁遭遇小偷光顾，市场管理部门多方设法，收效甚微。后来警方出了个点子，市场入口处竖起了提示牌：“在本市场内抓获偷窃等违法犯罪分子，每抓获一名奖励 500～1000 元。”结果对小偷起到了很好的震慑作用。

考虑到群体可能由观点、目标各异的个人组成，兼顾多重目标、融合众人期望的决策方案，更易获得众人认同，实施到位。所以，作为主要决策者，采取相对公正、客观、中立的方法，赢得群体成员的尊重，将更有助于提升决策的落实效果。

群体决策会涉及潜在的权力分配，从而改变组织内各部门甚至个人之间的权力关系。有时，一个看似有助于组织目标达成的方案，就只是因为会打破组织现有力量的平衡状况，相对加强或削弱一些部门或个人的权力，而最终无法通过决策。

从这个角度看，决策不仅要考虑组织公开宣称的目的，还要关注决策参与者的潜在利益。例如，“这不符合组织惯例”，就常被人们用作抗拒变革、墨守成规的借口，而实际上，所谓的不符合惯例，可能主要是隐含着会打破既有的利益分配格局。

群体协同

有时“按惯例”“随大流”办事，就如生物学家提出的“宜斯策略”（ESS-evolutionarily stable strategy，即“进化稳定策略”），作为一种经过时间洗礼与变化考验，能被众人长期认同的做法，必然具有其深刻的内在合理性。

长期传承的乡规民约、文化习俗等，就代表着这样的宜斯策略，放弃这些策略，就需寻找替代做法，并重新达成共识，这显然极易引发争议冲突。就如近年多见，一些新婚的小两口，为春节去谁的父母家过年的问题，从争吵升级到闹离婚，甚或引发命案。

这看起来有点太过冲动，但群体决策一旦涉及不同观念，如果大家都不妥协，冲突升级在所难免。此时，沿袭习俗似乎是一种合适的选择，至于习俗本身是否合理，是无法论证的，只能说存在的就是合理的，它是长期适应进化的结果。

作为群体，即使每个成员都很优秀，但若其成员之间缺乏相互协同，就会变成“三个和尚没水吃”，而不是“众人拾柴火焰高”。在《梦之队缘何落败？》一文中，Geoffrey Colvin 对全明星团队管理做了探讨，指出了潜在的问题。

找到一批明星成员，只意味着有了一群人，并不等于就拥有了优秀团队。成功的团队，常常由名不见经传的成员组成。团队的成员之间，需要相互信任，协同努力，为实现整体目标而放空自我，自视甚高的明星成员很难做到这一点。

试想一下，一支人人都有成为 CEO 潜质，都希望成为 CEO 的队伍，相互之间是否易形成一种暗中较劲而非精诚合作的氛围？在这样的氛围中，相互竞争将占上风，工作配合实际上变得非常困难，如此怎么能够形成强大的工作团队？

寻找团队成员，关键在于合适，有助于形成整体优势，而不在于个体一定最好。例如，在历史悠久的大公司中，若想推动大范围的变革，就需找到勇于创新而又有过合作的年轻成员，搭建强有力的互信团队，以冲破旧有力量的束缚。

有些公司试图进行大规模的业务创新转型，而选择的领导团队成员则多是资深老臣，这显然不太合适。决策团队成员越资深，无意识中就越有思维定式，其结果的行为表现就越是稳健有余，大胆探索不足。这样的团队，或更宜守成而非创新。

为团队寻找能够认真工作、让整体表现出众的成员，而不是群有天赋却自大的人，有些公司采取这样的做法，团队报酬由整体业绩决定，新成员进入团队，必须经过三个月的试用期，能够表现良好，并得到已有团队成员认同的，才可留下。

相互信任是构建成功团队的基础。从本质上来说，信任的建立需要时间，必须经过事上练的磨合。临时拼凑的明星成员，此前可能相互竞争，通常缺乏信任交往的历史，再加明星人才流动性高，想在这样的基础上打造杰出团队，几无可能。

在公司的顶层团队中，每个人都认为自己是明星，大家都想成为一把手，建立广泛的信任关系就实在是太困难了。一些具有传奇色彩的顶级管理团队，通常都由两人组成，就如伯克希尔—哈撒韦公司的沃伦·巴菲特和查理·芒格。

类似两人的顶层团队，通常都是互补搭档。比方说，一人主外，成为非常知名的一把手；另一人主内，成为不知名的二把手。主外的一把手，注重外部机会开拓，公司形象打造；主内的二把手，则重视管理细节落实，加强公司内功修炼。

团队要能直面现实，以形成合力。据说，有人通过对划手评级，将最好的编入高级赛艇队，最差的编入低级赛艇队。结果很有趣，在占总数三分之二的比赛中，高级队败给了低级队。高级队的人常相互埋怨、争谁最牛，低级队的人多相互支持、愉快参赛。

直到后来有一天，高级队组织了一场成员之间的摔跤比赛，尽管结果没能明显分出胜负，但每个人由此认识到，队友跟自己一样强壮，有取胜的决心，原先相互之间的紧张关系得以化解。从那以后，高级赛艇队进入状态，速度如飞。

太过彬彬有礼、自我克制的公司文化，或不利于团队成员放下姿态，以直面所需解决的问题。团队成员坦诚相见，真实表达内心的看法，这对于发现问题，找到关键，制定对策，很有帮助。甚至对避免大公司的官样文章，也有助益。

第 8 章　组织惯例

诚如上一章讨论到群体智慧时所指出的，个体一旦成为组织的成员，就会表现出“个性潜隐、群性彰显”。那么，群性到底会体现在哪些方面？又是如何形成的呢？以下将分“行为引导、议程设定、实践演进”三个方面做些讨论。

行为引导基于组织视角，关注如何推动个体去做“该做未做的”事；议程设定通过加强制度约束，试图预防个体在无意中“做了不该做的”事；而实践演进通过对“行为引导”与“议程设定”的重复强化，构建与时俱进的组织惯例。

动物种群的生存智慧，源自长期生物进化而来的基因本能，再加后天个体智慧的示范传习，如大象群体的生存，在很大程度上就依赖于头象的智慧。企业整体的生存智慧，难有类似生物的基因本能，其中的成员也常动态更替，唯有组织惯例相对稳定。

认清人类本性，注意理性修炼，需“逆本能而行，顺顾客而为，反竞争而动”，如此不断强化，直至成为个人习性与组织惯例的一部分。如此借助关乎个性与群体的“行为、议程、实践”三方面修炼，可为整体决策水平的提升提供保障。

行为引导

注意力，即人之时间与精力，是最稀缺的决策资源。“好钢要用在刀刃上”，做好决策，必须适当配置人的注意力，将其放到最重要的事情上。例如，使所付出的努力程度与问题的重要性相匹配，与组织所希望的方向、目标相匹配。

对于组织来说，必须明确要做什么与不要做什么，以此作为员工奖惩与行为引导的根本依据。只要能将人们的时间精力，很好地引导到组织所希望的方向，自然就可防止注意力资源的滥用、误用，避免陷入无谓的争论、担忧、事务之中。

运用奖惩手段，需特别注意，不要在无意中传导了错误的价值观。在孩子的教育上，就多见这种情况，例如，对于孩子表现好，奖大餐、奖玩乐等；而若孩子表现差，就罚劳动、罚学习等。如此做法，无形中传递的是怎样的价值观？

考虑到人们的行为，会有意无意地受到各种内外环境因素的影响，通过适当调节影响人们行为的软硬因素，就可引导人们朝着有利于组织发展的方向前进。反之，如果奖惩考核的方式不当，就会导致激励方向跑偏，从而引发员工行为扭曲。

据说，有个佛学院，每遇到学生犯错，就罚他们去跪香拜佛，忏悔思过；而另有佛学院，则反过来规定，当其他人跪香拜佛时，犯错的学生只能站在殿外观看，不准参与礼佛活动。这样两种不同的做法，到底哪种更能引导虔心修佛？

设计与形成适当的组织制度文化，可以传递目标导向的思想，改变人们心目中对各种因素的权重看法，从而起到扶正祛邪，顺势引导，为人们愉快、高效地做正确的事提供保障的作用。具体地，需注意以下制度与文化设计指导原则。

人性假设：“善”与“恶”

古人云：“行有不得，反求诸己。”对于领导者来说，一旦发现员工的行为并非如预期所想，就需反思自身的做法，特别是制度文化设计的指导思想，是否出现了偏差。毕竟对于个体来说，其行为主要取决于组织的激励导向与环境。

人有多重目标追求与趋利避害的天性，无意中存在着自利以实现单位时间个人综合感觉最适化的倾向。组织的制度设计与文化引导，会相对改变各目标在人们心目中的权重表现，最后使得人们受权重改变的影响做出不同的行为响应。

人类存在着天使与魔鬼两重性，并非简单的非善即恶两分法。至于人的具体行为表现，则受组织中制度设计与文化引导的激发！例如，在非常强调对人进行三六九等分类、量化考核的组织环境中，人们自然就会变得比较斤斤计较。

故事说，英国首相丘吉尔打车到下议院，下车前对司机说："我在这大约耽搁一小时，你等我一下吧。""不行。"司机回绝，"我要回家听收音机里丘吉尔的演说。"首相听了这话，照付车费外，还给了他一笔可观的小费。结果司机改变了主意，说："我还是在这等着送你回家吧，管他什么丘吉尔的演说。"

在这里，司机对于丘吉尔的态度，到底好还是不好呢？许多时候，多目标决策，随着各目标相对权重的改变，人们对各目标的重视程度也会随之改变。可观的小费，只是让司机觉得等待比听演讲更重要，与其对丘吉尔的真正态度似乎无关。

若将人大致分成不受外欲诱惑的"圣人"、不知外欲是啥的"傻人"、易受外欲影响的"常人"，可见，决策者通过权重调节，能影响的就是其中居大多数的"常人"行为。人们行为的改变，并非人性的改变，只因目标权重的调整。

故事说，小王开了家饰品店，店前空地有自行车胡乱停放，挡了进店顾客的道。为此，他在门口竖了块“禁止停车”的木板，效果不佳；再添上“违者罚款 10 元”，仍不佳。后经人指点，换成“停车 2 元”四个字，局势立马改观。

显然，涉及钱财问题，只要权重改变，人们的行为就定然会做出反应。据说，有家公司为解决并购后可能出现的冗员问题，设计了详尽的“员工自动离职计划”，决定给主动提出离职者一笔现金补偿，补偿额根据任职年限长短计算。

由于该离职计划只关注了裁员，而忽略了如何留住骨干员工。结果计划一推出，许多很容易找到新工作的业务骨干，为得到可观的离职补偿，纷纷提出离职请求；而公司希望裁减的能力较弱者，因找工作不易，反而没有人提出离职。

顺势而为：“疏”与“堵”

在组织中，人性的善恶表现，会受目标导向权重的影响，决策者需要在激发人的天使性的同时消解人的魔鬼性。注意到人生就是一个过程，人活着总是需要做点什么的，可见，引导人性有如治水，很难逆势堵住它，却可顺势疏通它。

洪水泛滥，必须要有出口；人性力量，要有用武之地。从组织的层面看，如果制度设计更多强调了不能做什么，但没有清楚地告诉人们应该做什么，这就如抗洪过度依赖修筑与加高堤坝，而不是河道疏浚，必然堵住了东或漫出了西。

将人性的本能欲望等看成一种势，那么对个人来说，需要逆本能之势修行，以做到理性决策；对组织来说，不能指望个人做到时刻理性，却可利用个人的本能力量顺势而为，通过调整权重，善用个人自利动机，促进组织目标的实现。

有人说，世上最伟大的管理原则是："你奖励什么就得到什么，你惩罚什么就看不到什么"。问题在于，如果奖惩考核的指标本身设置不当，则"得到的"可能并不一定是组织真正所需的，"看不到"了也不意味着真的就不存在。

基于"疏"的奖励引导，能够产生组织所期望的行为或后果，而基于"堵"的惩罚制约，只是表面上减少了某种不希望的行为或后果，但却并不能自行导致组织所希望的行为或后果。因此，行为引导的重点需放在鼓励，而不是杜绝做什么上。

对于表扬先进与惩戒后进这两种不同的做法，前一种做法能够增加组织的认同感，使先进经验得以总结推广，产生整体向上的带动作用；而后一种做法更易增加人们的挫折感，使组织的整体员工士气受挫，结果无助于正向力量的生成。

例如，对于环保运动的发起者来说，组织人们抗议与抵制环保差的商店，若没有给人们提供其他可行的替代选择，则这种堵截的做法将无法持续；而若直接组织或发动人们到环保好的商店购物，自然也就扼制了环保差的商店的生存。

再如，应对市场上出现的造假行为，许多品牌企业更多采取“堵”的做法，组织力量打假，试图杜绝假冒，有点吃力不讨好。若采取“疏”的做法，将造假力量变成自己的正式伙伴，生产出更能满足市场需要的产品，效果或大不同。

典型示范：“正”与“负”

考虑企业风控，需针对人性弱点，规定行为底线，明确什么不能做，这似乎很有必要。各类组织的戒律、禁忌等，均属此类。例如，某世界 500 强企业创始人谈及企业文化的根本时，就说过“什么可以做，我不知道；什么不可以做，我是很清楚的。”

在坚守底线的基础上，企业还需关注创造价值。领导者如何带领或激励人们做什么、做好什么，这或许更重要。有时防风险，关键就在于增强实力，把正面的事情做扎实、做到位，形成了好的组织氛围，负面的东西自然也就可能减少。

引导员工行为，需要典型示范。在这里，典型一般可以分为两类，一是可供正面学习的榜样，二是可当负面警钟的劣行。对于正面行为的奖励或表扬，利用的是人们内在的趋利心，而对于负面行为的惩罚或批评，利用的则是避害心。

从行为习惯的养成看，对于正面行为的倡导与强化，可在无意中起到替代与防止负面行为的作用，而只是简单地批判或惩罚负面行为，并不能起到引导正面行为的作用。考虑到人们的注意力有限，更应多用正面引导，少用负面批判。

与“谁让顾客不满意，我就砸谁的饭碗”的提法相比，“谁让顾客更满意，我就给谁发奖金”或能营造出更为积极的心态。特别地，若是过于简单地强调问题问责，未能帮助找到解决问题的有效方法，易导致人们工作主动挑战精神减退。

据报道，山西省曾因煤矿或其他重大事故，在 3 年内，省长换了三任，临汾市的市长换了四任。特别是襄汾溃坝事故，导致 276 人死亡和 35 人受伤，临汾市委书记被停职检查、市长被免，此后因为许多官员的推辞，结果致使半年多新人选缺位。

就问题解决而言，相比简单地对负面错误进行问责，或许找到正面改进做法加以推广，更有助于问题的长期解决。更何况，对于许多屡屡出现而无法防患的问题，实际上可能是因某些不可控因素所致，其解决或远超当前人们的认知水平。

据报道，在西方国家，无意识的医疗失误发生率达 10%～17%。针对很多医院在手术安全的基本方面经常出现的疏忽大意，世界卫生组织曾专门推出一份外科手术安全核对表，通过严格正面的流程管理，大大提高了手术的成功率和质量。

人的注意力有限，若过多关注或提示人们“不要”做什么，而对“应该”做什么则缺乏必要的指导或训练，这样，一旦面对复杂的实际情形，人们可能反而会变得更加不知所措，结果越担心什么就易出现什么，这就是所谓的“反向实现率”。

简单地批判一种想法或做法，不仅很难去除这种想法或做法，有时甚至反而会在无意中加大其影响。事实上，去除负面的想法或做法，最好是用正面的想法或做法，去吸引人们的注意力，以使其在无意中忘掉原有的负面想法或做法。

据说，有支登山队的教练，在训练登山技巧的同时，还为队员们准备了丰富的过往失败案例，强调需要注意克服的各种困难。结果到了登山现场，原先专心于如何登山的队员们，因分心考虑可能存在的困难，反而很难再成功登顶了。

现实中，每个组织里都可找到这样一些人，他们并未拥有特别的资源或具备特异的天赋，却能取得超常的业绩。若能努力发现这样的正面做事高手，通过总结推广其经验，让人们学到更好的解决问题方法，自然就能大大提升组织整体的能力水平。

这种基于“平凡员工创造非凡业绩”的内部经验传播方法，被称为“正偏离法”。采用正偏离法的最大好处是，榜样就在人们身边，无须额外投入资源，这样的先进做法接地气，通常很容易学会，一旦推广成功，更可能扎根见长效。

例如，我国农村承包制的起源地，就属于平凡而非先进地区，所以，其所积累的经验就较容易推广；反之，类似沿海发达地区的改革试点，依赖了对于全国其他地区人、财、物的强大吸附效应，因为具有特殊性，就很难在全国复制推广。

再如，企业推出新产品，不知道市场响应如何，此时不妨做市场测试，通过测试可发现，有成功或不成功个案。聚焦成功个案，加以总结推广，类似正偏差法，或可做到“四两拨千斤”；聚焦失败个案，强调吸取教训，有点逆势施为，可能较难见效。

瓶颈结构：“忙”与“闲”

对于涉及多个环节相互依赖的系统，必然存在瓶颈与非瓶颈两类不同的环节。为改善系统整体的效益，一是要保证瓶颈环节的产能不浪费，人员的精力不分散；二是要使非瓶颈环节的工作，能分担而不是增加瓶颈环节的工作压力。

这意味着，瓶颈环节若非常忙，却没有忙到点子上；非瓶颈环节若非常忙，却多给瓶颈环节添乱，则这两种“忙”的增加，可能还不如少干事，甚至是“闲”着不干事。减少对瓶颈环节的干扰，以非瓶颈环节的工作，分担瓶颈环节的压力，这是关键。

帕金森定律表明，行政工作由于结果很难衡量，人们往往会用过程或活动量来代替对于真正重要因素的评估。因为设了岗位，岗位上的人出于责任心，总想尽职做点事，结果没事找事弄出许多事，这种无意识的活动量膨胀，多无效。

无意识的活动量膨胀，若是出现在系统的非瓶颈环节，其结果就如在生产性工厂里的情况一样，非瓶颈的产出增加因受瓶颈产能不足的制约，最后不会带来真正产出的增加，只会引起在制品库存的增加，也就是效益不增、成本上升。

组织人事规模的调整，往往涉及隐形的权力运作。工作相对安逸的管理与文员队伍，容易膨胀过度；组织紧缩时，做事辛苦、薪酬低下的一线人员首当其冲。整个经济中，相对有市场或政治垄断力量的组织，收入或支出容易不断增加。

行为引导，重在提升企业绩效。例如，太过繁杂的内部绩效考核，统计或被统计、分析或被分析、汇报或被汇报、考评或被考评、会议或被会议，结果占用了人们太多的精力，花费了太高的成本，无意中减少了人们真正用于做事的时间。

许多公司开拓全国性市场，通常需要落地的项目团队，这种团队必须人手配备完整，成为强大的独立运行组织单元。但随公司做大，有时会将各团队的专业人才集中到总部，成立职能化的财务、营销、工程等部门，结果反而削弱了落地的一线市场竞争力。

原本设想，由集团集中专业化人才，一方面可实现专业人才的共享，提高人才的使用效率；另一方面，可给各个项目提供更好、更全面的后台支撑。只是实践操作上，如此人员配置调整，集团的职能部门更易在无形中成为凌驾于落地团队之上的官僚机构。

对于专业人才来说，原先属于各个落地的项目团队，由项目经理直接指挥，自然可以实现快速响应，而现在集中到集团，似乎变成了项目团队的上级，不知在无意中还能否像原先那样听命于项目经理？会不会增加事务推诿的可能？

议程设定

行为引导主要关注如何让人做事到位，议程设定则重在防止人们做事失误，特别是无意识的失误。例如，群体决策易受激情冲动影响，结果导致众智成盲，借助于议程设定，按照一定的流程办事，或许更有可能规避此类情况的发生。

借助于流程，尽管不一定能够做到锦上添花，也就是让人们更有创意地做事；但却有可能防止人们做坏事，从而确保生存无忧。从这个角度看，制度设计需要底线思维指导：让人无法干蠢事，更干不了坏事。如此结果，反过来就可保障更易做成事。

议程设计，旨在确保不坏事而能成事，无关疑不疑或信不信人的考量，需以对事物演变规律及人性无意识行为的深刻认识和精准把握为依据。如此设计的决策议程，要求所有的人毫无例外地遵守，直至使其成为个人习惯与组织惯例。

考虑到注意力稀缺，决策议程的设定主要起引导人们关注什么的作用。就如“会哭的孩子有奶吃”“媒体不能决定人们如何思考，但却能决定人们思考什么”等说法所揭示的，议程的设定与修订，直接决定了人们有限注意力的指向。

不够紧急的决策问题，永远不会进入组织的待办议程，而没有进入待办议程的问题，就很难引起人们的注意。从长期看，决策议程最需关注的项目，要么涉及如何守底线以降低风险的问题，要么关乎怎么创造价值以增加收益的问题。

由此可见，决策议程设定，不仅要明确任务与目标，以帮助回答或解决“做什么”“做成什么”以及“如何做”的问题；还需弄清决策的风险底线，以确定什么“绝对不能做”的原则，以防止无意中可能出现的个人失误或群体盲思。

听异见

无意识中，人是不太愿意听不同意见的。要想在决策过程中听到不同意见，仅仅依靠领导者的个人修养是不够的，毕竟有时修养也战胜不了无意识本能对于不同意见的抗拒。这里关键是要形成组织制度，以确保不同意见的充分表达。

关于异见，有时或类似晨钟暮鼓，当头棒喝，严厉警告。对于企业经营来说，特别是当市场火火火，领导者随激情起舞，试图决策快快快时，或许最需要的是水水水！企业若无类似泼冷水的刹车机制，则一旦决策者头脑发热，怎么办？

有条格言说："当看上去只有一条道可走时，这条道往往是错误的。"决策者需以此自警，"没有听到充分的反面意见，并对这些意见做出认真的评估，决不贸然做出重大决策。"具体地，可从以下几方面着手，充分听取决策异见。

为了听到不同意见，组织先要允许有不同声音，让人愿意并敢于发表不同意见。例如，注意吸纳不同观点者参与讨论，找不到反对意见时，指定专人扮演挑刺者、批评者，专门唱反调。归属感和凝聚力特别强的组织，尤需注意做到这一点。

从听取更广泛范围的意见看，相对于强关系、近关系来说，来自弱关系、远关系网络的人，更能提供多样化的决策参考意见。只是不经意间，人们更相信强关系、近关系网络，对弱关系、远关系网络因联系较少，平常不太容易想起。

例如，现实中，人们遇到问题时，更可能去找熟悉的可信朋友或同事，而不太会去寻求其他方面的帮助，这在无意之中就使得意见来源单一化。吸引不同背景的人参与决策，或更有可能规避内部人的思维盲区，发现潜在的问题苗头。

许多情况下，决策过程中听不到异见，是由于主要领导者的无意识行为，传递了不想听意见的信号，才使得人们觉得没必要自讨没趣提意见。比如，有的领导一听到不同意见，就会马上接着回应，试图说服提意见者，自己的想法更好。

领导的自我辩解、自证聪明的做法，很容易使得人们下次遇到类似情况，干脆选择不发言。面对领导，特别是强势领导，本来人们就不太愿意提意见，如此一来，就更不想发言了，结果使得开会很难听到不同声音，有的更多只是迎合式发言。

为了诚心听取意见，作为主要领导或会议主持者，必须克制自己的发言欲望，尽量不开或少开尊口，想方设法鼓励人们发言，真正做到敞开心扉，认真听取各种不同意见，如此才有可能让人愿意发言，并且做到知无不言、言无不尽。

据说，在新希望集团，战略决策要由投资决策委员会共同讨论。在该委员会中，刘永好有一票否决权，却没有一票赞成权。对于新上项目，集团有一个“批判式论证制度”，它不是从项目的可行性说起，而是先拿项目的可否性开刀。

新希望的每个项目，均要进行三轮“批判性论证”：第一轮在企业内部论证，第二轮企业各方面邀请的外部专家论证，第三轮集中企业内部人员和外部专家共同论证。论证中，不谈优点和可行性，只是挑刺，谁批倒了项目就给谁大奖。

只有经过论证没被驳倒的项目，集团才会研究该项目的投资上马时间问题。采取批判性的论证方式，当初是为了避免企业领导层一拍脑袋就干的盲动做法。但反过来看，一个能经受住多轮批判存活下来的项目，自然会有更大的成功可能。

求创意

倾听异见，百家争鸣，是为了弄清决策前提与依据，提升群体决策质量，而不是为了证明谁对谁错、孰优孰劣。倡导不同意见的争鸣，需注意方式方法，最好以积极鼓励为主，少批评指责他人的看法，多在他人的基础上，提出各人的更好建议。

做到这一点，对于酝酿创意解决方案的讨论会尤为重要。从提升个体决策水平看，作为逆本能而行的修炼，学会倾听实际上也可能比争鸣更重要。为此，召开重要决策咨询会，可由级别较低、更知情者先发言，领导多静听，少评议。

领导若开言，下属易站队，溜须拍马屁。真理相对，权力绝对，最终就不可能听到各人不同看法或观点。对于这一点，人们冷静都清楚，只是情感本能忍不住，常会心急口快抢发言，久而久之，下属或会误解，以为领导只想听美言！

创意想法的产生，有赖于良好的创新组织氛围。例如，可在组织中倡导这样的文化，欣赏独立思考，鼓励平等交流，强化主动负责，以推动人们公开交流，分享决策相关信息，化解决策中的责任分散、免费乘客现象，做出明智决策。

如何获得创意想法，有时与问题框架，即问题的提法有很大关系。不同的提问方式，可以引发不同的思考，从而得出不同的建议。创新性的问题，有助于产生创新性的解决方法。与错误的答案相比，提错问题或会造成更严重的后果！

运用逆向思维方式，有时可以产生思路突破，获得原本想不到的方案。就如对问题“是否有可能废除监狱”，人们的回答几乎都会是“这不可能”；而当把问题变成“是否有可能减少监狱”，也几乎可肯定，人们的回答会是“这有可能”。

故事说，某地发现金矿，人们蜂拥前往，然而一条大河挡住了去路。怎么办？有人说绕道走，也有人说游过去。但更高明的做法是，买一条船开始摆渡赚钱。淘金还是摆渡？人们常将目标与途径混淆，忘记了当初为什么决定去淘金。

许多情况下，困难常常意味着潜在的机遇，谁克服它，谁就可能前进！通过适当提问，避免非此即彼式的思维，可将两极式的选择变成多种选择。例如，将“这个结论对吗”的问题，变成“这个结论的前提是什么”，就更能拓宽思路。

重新定义问题，或能将问题变机会。据说有位高管，喜欢自己的工作，但对上司的做派无法承受，原本想自己跳槽以求回避，后来想到一个主意，让猎头公司帮上司找新工作，结果上司很喜欢，上司的位置也最终被他成功申请补缺。

建梯队

从议程设定的角度看，为使企业持续经营，必须要有人才梯队。

考虑到市场竞争总是客观存在，企业经营如逆水行舟，不进则退，可见，企业人才建设的关键在于，能否吸引、使用、培养人才，从而形成一代更比一代强的梯队格局。

李嘉诚认为，成功的管理者都应是伯乐，能够不断地甄选、延揽比自己更聪明的人才。他觉得，绝对不能挑选名气大，且自我标榜的“企业明星”。企业无法负担滥竽充数、唯唯诺诺，甚至萎靡不振的员工，更不能容忍自以为是的“明星”。

培养比自己强的接班人，考验着决策者的胸怀与雅量。对许多人来说，即使理性上能够认识到培养更强接班人的重要性，也并不意味着感性上就能真正做到。更何况，出于对控制权的担忧，更多的人根本不想培养比自己强的接班人。

如何才能建立一代更比一代强的人才队伍？需要有伯乐，但更应靠制度。例如，某建筑施工集团公司，在拓展全国市场时，就地建立了专门培训施工人员的讲习所与帮助设计人员提升的技术中心，有效地解决了公司落地所面临的人才不足问题。

关于梯队建设，关键是要减少对于个人的过度依赖，为此可以采取“A、B 角制度”，增加人才的冗余储备，以备不时之需。对于那些依赖长期经验积累的岗位，尤需特别注意，最好建立师徒式的传帮带制度，以“留住关键技能”。

实施“A、B 角制度”，需提前给关键岗位人员配搭档；“留住关键技能”，要及早给资深技术骨干配助手。这些做法，可缓解

“权威依赖、梯队乏人”的问题，但此时需建立配套保障制度，以免竞岗内斗伤人，防止“带出徒弟、饿死师傅”情况的发生。

见实效

组织无论大小，其所做出的决策，若能因地制宜，与时俱进，操作简单，真见实效，就可称高招。为此，所有的异见、创意、梯队，都必须体现在组织整体的目标导向做事能力上，落实到切实有效的行动上，而不能只停留在空谈上。

讲求决策要见实效，领导者需放低姿态，以发现与利用广泛存在于组织内外各方面的实践综合智慧；不仅需要精力的投入，还需要爱心的关注，以使得决策参与各方身心愉悦，有助于产生更有成效的后果。以下例子就说明了这一点。

据说，大英图书馆建成新馆后，为将老馆里的书搬到新馆去，馆长遭遇了预算不足的难题。后来一个馆员出了妙招，在报纸上发出一条消息：“即日起，大英图书馆免费、无限量向市民借阅图书，条件是从老馆借出，还到新馆去。”

据报道，国内有大学，根据学生在校内食堂用餐情况，从中发现并核实贫困学生，无须其提出申请，就自动给这些学生的“校园卡”账户补助餐费。相比这种“隐形资助”，有的学校为经济困难学生开设特别的“免费餐”窗口，似乎就缺了点人文关怀。

现实中，如果不能直接做出明确的方案选择，有时只需确定决策方案选择需遵循的流程，人们就可自行做出适当的选择。决策的这种过程解决方案，需人们就方案的设计原则或思路达成共识，否则恐引发类似“二桃杀三士”的结果。

依据投票、抽签、协商等过程方案，做出最终决策，必须先明确过程方案其本身设计的指导思想。例如，到底是类似奥运会选址的投票，最终必须有结果？还是类似达标评估，存在客观标准，只有符合标准才算达标，否则宁缺毋滥？

实践演进

决策的践行，方案的落实，会逐渐形成行思习性与组织惯例（简称习惯），并反过来影响未来的决策。有人认为，“播下一个行动，你将收获一种习惯；播下一种习惯，你将收获一种性格；播下一种性格，你将收获一种命运。”

基于不同的决策思想或者行动，就会形成不同的决策习惯。不同的习惯，尽管其本身或无所谓绝对好坏之分，但均需与时俱进，随实践演进，以免在无意中成为个人或组织持续生存发展的羁绊，如思维定式、路径依赖、不知变通等。

习惯基于过去历练而成，可能并不适合变化了的环境。对于这一点，理性思考很容易想清，但要想能在相对稳定的习惯中，渗透进会时刻警醒并顺应未来变化的要素，感性上似乎很难做到，毕竟习惯的影响常常在不经意间产生。

考虑到未来充满变数，具有很大的不确定性，社会有机系统的运行存在着影响非线性与后果不对称的特点。所以，最好能在决策习惯中嵌入不忘初心、适者生存、实践演进的灵魂，以克服变革惰性，创造发现机会，坚守经营底线，适应环境变化。

克服变革惰性

企业或人生之活着，是一个不断新陈代谢的过程；世间万物与自然的化生，处于永恒变化之中。由此决策背景所决定，一切个人习性与组织惯例，本质上必须具备内在柔性与活力，能克服无意识中存在的惯性与惰性，以适应不断变化的环境。

适应变化的环境，可能需要做出变革，放弃旧有习惯做法，不仅情感上会有不舍与抗拒，而且还有切实代价的付出。这里的付出，既有经济上的，更有精神上的。俗话说：舍得，有舍才有得，先舍后才得，而要断舍离，难免会有痛苦与不适。

据说，早在 20 世纪 20 年代，亨利·福特曾宣称：“我对年轻人的建议就是，随时准备好修正任何系统，废弃任何方法，抛弃任何理论，只要是取得成功所需要。”但在面对可能取代 T 型车的样车时，他就把所说的这一切抛到了脑后。

面对变化的世界，现实中人们总是会有应对措施的，不是积极主动地迎接变化，就是消极被动地为变化所改变。惰性抗拒，懈怠不为，拖延决策，如此看似不做选择，实际上也代表了一种选择，这就是交出了本该拥有的自主决策权。

从动态过程的时机把握看，有些决策可以拖延，并且会由于延缓决策，而使问题最终自然得到缓解甚或消解；另有些决策则必须适时响应，例如，涉及人际互动，存在响应时限的要求；还有些决策则时间充分，可允许从容深思熟虑。

若注意到，与理想比，可能任何决策方案永远都不够好；与现状比，可能许多方案都有进步。那么，只要能够打破妨碍变化的惯性，不再局限于过去怎么做的约束，而更多地考虑，从现在开始，怎么做更好，自然就可推进变革决策！

例如，某单位提出电子政务设想，起初希望一步到位，将所有文件的起草、审核、会签、分发等，都在网上流转和运行。由于构想太过理想化，忽略了习惯转变、技能学习、思维突破等障碍，实际运行中遇到了许多意想不到的问题。

后来，不得已只好采取了“双轨制”的过渡办法，即在保留原来的纸张文件办公的同时，实行文件网上处理，并结合实际进程，对计划做了相应的调整。如此经过多年的适应，最后才慢慢地过渡到彻底取消纸质公文，全部实行网上运行。

由此可见，找到简单易行的有效解决方案，将有助于克服变革惰性。构建可行的操作对策，可以运用要素排除法，通过层层剖析，找到关键原因；然后借鉴前面讨论的正偏离法，提出人人都能做的改进方案，并将方案最终落实到位。

创造发现机会

据报载，2001 年 7 月，《机会》杂志在意大利的米兰创刊。董事长亨利·肯德里提议，请比尔·盖茨来写发刊词。比尔·盖茨答应，在纽约开往内罗比的飞机上接受一刻钟的采访。为了完成采访任务，杂志记者草拟了以下三个问题：

第一，您认为最不能等待的事是什么？第二，您认为谁不会第二次前来敲门？第三，您认为现在最需要抓住的是什么？结果比尔·盖茨的回答依次是孝顺、初恋与行善，这让没有得到“机会”二字的《机会》杂志的记者颇感失望。

对此，美国《生活周刊》的记者为自己的杂志写了一段卷首语：在现实社会里，人们总认为，最不能等待的事是机会；最不可能第二次前来敲门的是机会；最需要抓住的是机会。其实，这种来自战场和商海里的观念，并不适合于生活。

由此看来，按照自己的习惯构想，试图创造机会，有时并不能如意，能够独具慧眼，随时发现可能出现的机会，或更有效。故事说，有位大学生毕业后，出国留学继续深造绘画，但因生活太拮据，在读书之余，必须打工赚取生活费。

有人给他介绍了一份工作，帮宾馆修剪草坪。本来这项工作与绘画毫不相关，直到有一天，他不小心铲坏了一块草皮，为了弥补失误，就索性把这块草坪修成了一幅画的样子，不曾想竟得到了人们的极力赞赏，薪水也因此增加了一倍。

后来，因为请他修剪草坪的宾馆太多了，他不得不雇用了一些帮手，再后来，他有了自己的小店。3 年后，他成立了自己的公司，专门帮人家设计修剪草坪画。突破思维定式，生活处处是机会，将自己的专长跨界，拓展到非专长领域，有时更易闯出新天地。

有个故事，说的是兄弟俩，一个天天虔诚祈祷，希望能够进天堂，一个天天尽力做事，欲将人间变天堂！对于决策者来说，也许更应该关心的是，如何通过自身努力建设天堂，而不只是满怀希望，等待上帝或他人帮助进入美好天堂。

心怀美好期望，不如切实行动。若将精力放在多想办法、多做事上，如此形成决策习惯，遇到问题自然就会想办法去解决；反之，若将精力放在怨天尤人、发牢骚上，如此形成行思积习，遇到事情除了责难，或许真的会不知怎么办。

精力放在责难而不是做事上，自然体会不到付出努力解决问题之后的快乐，也不能通过实践积累解决问题的经验，逐渐提升自己解决问题的能力。对于企业来说，成功不在知而在行，决策践行必须落实到行动上，才有可能真正见成效。

坚守经营底线

坚守经营底线，需从防患未然入手，通过没事找事，发现可能导致企业活不久的问题，提前采取措施加以规避。考虑到个人的行思习性与群体的组织惯例，都会通过参与决策的各方面主体得以表现，为此，坚守底线需从明确决策主体入手。

一般地，决策主体可能涉及三个方面——谁决断、谁担责、谁受益，只有处理好这三个方面的关系，才可将坚守经营底线落到实处。例如，决策者自以为是盲目专断，没有议程制度随意决策，无须对后果担责胡乱拍板，对此怎么办？

盲目、随意、胡乱决策，一方面，在竞争环境中，不进则退，纵使企业过往业绩很好，未来也有可能因此而被市场淘汰；另一方面，如此做派，会影响内部士气氛围，使所做的决策难获员工由衷认同与支持，从而损及决策执行力与绩效。

从“谁决断”的角度看，决策应该在最恰当的层面做出，而不应总是由最高层说了算。需要自上而下地理清决策流程、决策责任、汇报关系，改变什么事都由领导者亲自拍板的意识与习惯，将最高层拍板改为由最恰当的最下级拍板。

这里的“最恰当的最下级”，指拥有决策所需的最恰当信息、知识、技能、经验的员工。查尔斯•汉迪认为，能干员工负荷不足、责任太少，想负责、能负责而无法负责，会产生无助、无用、无聊的郁闷感觉，这有损企业经营活力。

对于能干的员工来说，应对这种类似怀才不遇的负面心理压力与痛苦，显然不同于应对工作负荷过大的情况。面对太过忙碌，虽然有时也会让人精疲力竭，有点应付不了，但内心至少还是会有不错的自我感觉，有被人需要的充实感。

从“谁担责”的角度看，一些企业中存在着“人人负责，无人负责”的现象。例如，对于重要的事情，尽管事先安排了多人或多个部门“共同负责”跟进，但是一旦出了问题，却反而好似“无人负责”，很难具体追责，甚至无从追究。

任何事情，若无明确的责任人，最终肯定不会有好结果。但是，即使明确了决策责任人，也还需奖惩得当、权责匹配、能力适应，否则也会因有人投机取巧、挑肥拣瘦，有人心有余而力不足，结果导致责任缺位、措施失效、行动失败。

有人认为，过度追责会鼓励隐藏错误，报喜不报忧。还有时，问题出在流程，而不是具体的人身上；还有时很难了解到底出了什么问题，到底应该追究谁的责任。所以，明确决策责任人的关键在于，需借此提升能力，而不只是惩罚人。

从“谁受益”的角度看，如果决断、担责、受益之间存在着激励不对称，就可能产生有点扭曲的决策行为。比如，若成功无奖励、失败须担责，多做多错，少做少错，这样，对于后果难料的创新行动，则就不太可能会有人愿冒险投入。

再比如，成功有高额挂钩奖励，失败无相应担责要求，则就可能出现花别人的钱为自己谋私利的过度冒险行为。没人对决策负责，没找对负责者，找到的人负不了责，显然都不行。只有找对了能对决策负责的人，才算真正解决问题。

故事说，一位女士带着6岁的程程，到公园里放风筝，一眨眼，她发现身边的程程不见了。慌乱中，忽听有人喊：有孩子掉湖里了……她奔向湖边，纵身跳入水中，抓住孩子，拼命托出水面。

幸好，有条船赶来了，落水的孩子终于顺利得救。被救孩子的母亲感谢她品德高尚，她却说：“不是这样的，如果知道是你的儿子，我是不会跳下去的。水那么凉，我还不会水。我以为是程程呢……”

记者问：“是否因为母爱让你奋不顾身，以至忘了自己不会游泳？”她回答：“是责任。”她接着说，“我只是个保姆。如果小孩出了事，我会愧疚一辈子的。我要对得起孩子的家长。”这表明，责任与担当，更能让人明白行为底线。

适应环境变化

组织惯例的实践演进，难在适应环境变化，以防惯例成为守旧教条。克服变革惰性，创造发现机会，坚守经营底线，需要加强“逆本能而行、顺顾客而为、反竞争而动”的修炼，如此才有可能真正做到适应环境变化，实现与时俱进。

逆本能而行，可防线性思维，过犹不及。本能欲望的适度存在，可以引发做事动力，起到推动社会进步的作用。只是人之自然倾向，易一根筋走到底，结果将好事做过头，最终反而成坏事。因此，为免欲望膨胀过头，需逆本能修行。

考虑到市场上存在着多主体的竞争互动，当大家都受“欲望无限、争抢第一”的本能驱动，努力做大规模时，就会受市场总体资源稀缺、需求不足之影响，结果引发原材料价格上升、行业产能过剩、产品销售不畅，反致企业生存维艰。

顺顾客而为，需以创造价值为根本。比如，企业开拓新市场，针对顾客潜在需求，以顾客能接受的方式切入市场，就容易打开局面；反之，试图按照企业自身的理解，扭转顾客需求习惯或方式，就有点逆势而行，做起来或比较费劲。

反竞争而动，就是采取逆向思维，对于同行一窝蜂似的行为，要做点反向思考，以免陷入群体非理性之中。例如，面对一个项目，当大家都想进入时，就要表现得恐惧些，多一份谨慎；而当大家都想放弃时，就要表现得贪婪些，多一份坚持。

基于对顾客、对竞争的互动考虑，个人或群体的行为会受到其对群体以及其他成员行为预期的影响，这种影响不仅很大程度上只是习惯性或反射性的，而且总带有过往历史经验与教训的痕迹，对此必须考虑情况变化，做出适应性调整。

关于适应性调整，人们常说“制度是死的，而人是活的”，就涉及制度刚性与执行弹性的关系问题。制度即使刚性，也需有变化；执行即使有弹性，也需讲原则。关键在于，面对的决策前提、依据、情境是否有变化，怎么做更有效。

回答要不要随机应变、选怎样的人应变，需要先弄清决策到底为什么，当前面对的情境是什么，可以采取怎样的措施。例如，在涉及人或企业的生死攸关决策上，关键需考虑如何活着、活好、活久的问题，制度设计均需围绕此目的。

现实挑战在于，没有规矩，不成方圆；只讲规矩，仅剩方圆。制度作为一种保障企业目标实现的工具或手段，坚守或弹性均需看是否有利于企业整体的发展。适应环境变化，操作难题在于怎么判断：何时该遵守制度？何时该突破制度？

回答怎么判断的问题，追根溯源，还是涉及领导者自身的决策洞见修炼。修炼，无论是个人习性还是组织惯例，需经受时间过程的历练，逐渐养成并持续改善，不可能一蹴而就。如此方可最终达到，即使快速响应，仍能冷静理性。

从社会或组织的层面看，应该忘掉个性及行为分析，重点把握人、事、物的内在规律，也就是理解人、深研事、善用物。这就如赫伯特·西蒙所指出的，决策总是发生在“给定条件”的心理环境中，行为会以适应这些“给定条件”为前提。

组织若能营造适当的心理环境，为其成员提供决策所需的适当信息，就能使处于其中的个人做出有助于组织目标实现的决策。所以，个人有可能借助于组织的作用，更为合乎情理地接近客观理性。这正是领导者决策洞见修炼之核心。

尾声

——决策创造未来

修炼决策洞见的挑战在于，人们做出的判断选择，大多出于不自觉的习以为常。认知神经科学家认为，人们仅在5%左右的认知活动中是有意识的，而大多数的决定、行动、情绪和行为，都取决于超出意识之外的那95%的大脑活动。

无意识或者潜意识，现实中广泛存在。比如，无须复杂的计算，许多人均可骑车自如穿越拥挤的人群，都能理解有歧义的句子。无意识的反应，习惯性的行动，未经大脑的刻意思考，既出自长期生物进化的本能，也源自后天历练的养成。

人类基于长期丛林进化而来的急功近利本能，不经意间阻碍着有助于现代社会运行的远见卓识的修炼。基于机械连续的线性思维，易受经验知识羁绊。正在加剧的变化，使得未来不再是过往的简单延伸，呼唤有机曲线的非连续思维。

社会有机系统的运行有着内在非线性，并非遵循一般的理性逻辑，常常需要不断地观察、摸索、试探，才有可能找到适当的应对思路与方法。有鉴于此，领导者决策洞见修炼，需善处现实的变与不变，游刃于线性连续与曲线非连续。

修炼领导者决策洞见，为做到知要行实，思考需升维，行动宜降维。见微知著，大处着眼，此为思考拓展之升维；为大于细，小处入手，乃是实践操作之降维。如此方有助于透视问题的本质，抓住事物演化的关键，做出更好的决策。

做好决策，不仅需要知识经验，更需要前瞻洞见。洞见人、事、物本质，需要动态全面观察，若不提升境界，有时可能连“到底问题是什么”也弄不清，若不深入实际，找到简易精到的操作途径与方法，或许很难推动决策措施的真正落实。

在互联网时代，人类呼唤大数据，但是借助于大数据或可发现过往历史信息中潜藏的例行相关性关系，却很难揭示复杂多因素关系中可能突现的例外因果性规律，因为后者仰赖于人类的想象力与创造力，更需要新知创意与前瞻洞见。

领导者决策修炼，需聚焦人、事、物的变与不变之关系，拓展创意与洞见，透过现实发生的技术、市场、人才、能力、需求等变化的表象，认清体现在其背后不变的底层商业逻辑与人性本质特征，即恒久的“不偏之正道，不易之定理”。

古人语，“行有不得，反求诸己”“少成若天性，习惯成自然”。修炼领导者决策洞见，明察人性、事理、物用，可从“认识自己，凡事适度”入手，时刻警惕人性本能之局限，做事常怀谦卑敬畏之心，审慎应对企业经营重大决策。

作为人生或企业经营，长远看，若能不断加强决策洞见修炼，注意“逆本能而行、顺顾客而为、反竞争而动”，使其变成个人习性与组织惯例，那么“洞见照亮前程，决策创造未来”可望成为一种承诺、一种常态、一种必然，助人生和企业，活出精彩。

项保华

2016 年第 1 版定稿

2021 年 12 月第 2 版定稿

（全书完）